Gary Chapman
WEIL UNSERE LIEBE WACHSEN SOLL

Über dieses Buch:
»Eheberatung und Seelsorge? Wer braucht denn so etwas? Das ist etwas für Leute mit Problemen. Wir aber haben keine. Schließlich lieben wir uns doch!« Diese Meinung hört man oft, auch unter Christen.
Ich habe dieses Buch für all jene geschrieben, die sich eingestehen, daß das Eheglück nicht von allein kommt, selbst wenn beide Partner Christen sind und »sich lieben«.
Es ist die Hoffnung des Verfassers, daß das hier vorgelegte Material vielen christlichen Paaren – verheirateten oder noch verlobten – die Augen für den Reichtum biblischer Wegweisung auf diesem Gebiet öffnet. Wir können das Thema zwar nicht erschöpfend behandeln, aber wir glauben doch, daß ein Paar, das unser Material ganz durchgearbeitet hat, zumindest auf dem richtigen Weg ist, um in der eigenen Ehe glücklich zu werden.
Der erste Teil des Buches richtet sich an Paare, die sich auf die Ehe vorbereiten und lernen wollen, was es heißt »Partner« zu sein. Der zweite Teil spricht Menschen an, die sich das Jawort bereits gegeben haben und nun daran interessiert sind, diesem Bekenntnis auch gerecht zu werden.

Über den Autor:
Dr. Gary Chapman arbeitet leitend in einer Kirchengemeinde. Außerdem veranstaltet er in Amerika Eheseminare und betreut Hochzeitspaare seelsorgerlich. Gary Chapman ist Autor mehrer Bücher. In unserem Verlag liegt bereits vor: »Die fünf Sprachen der Liebe«. (Bestell-Nr. 330 126)

Gary Chapman

Weil unsere Liebe wachsen soll

Kleines Handbuch für Verliebte, Verlobte und Verheiratete

FRANCKE
Verlag der Francke-Buchhandlung GmbH

Die Deutsche Bibliothek – CIP-Einheitsaufnahme

Chapman, Gary:
Weil unsere Liebe wachsen soll : kleines Handbuch für Verliebte, Verlobte und Verheiratete / Gary Chapman. [Dt. von Ingo Rothkirch]. – Marburg an der Lahn :
Francke, 1996
(Francke-Ratgeber)
Eineitssacht.: Toward a growing marriage ‹dt.›
ISBN 3-86122-287-6

Originaltitel: Toward a growing marriage

Published by Moody Press, Chicago, Illinois 60610, USA

Deutsch von Ingo Rothkirch
Umschlaggestaltung: Reproservice Jung, Wetzlar
Satz: Druckerei Schröder, 35083 Wetter/Hessen
Druck: St.-Johannis-Druckerei, 77922 Lahr 31117/1996

Francke-Ratgeber

Inhaltsverzeichnis

Einleitung 7

Teil I: Wir lernen uns kennen

1. Junge Liebe – junges (Un)glück 11
2. Partnerwahl – in biblischer Zeit und heute 26
3. Wozu denn heiraten? 48

Teil II: Wir wachsen zusammen

4. „Wenn meine Frau doch schlanker wäre" 62
5. „Von Liebe keine Spur mehr" 77
6. Kommunikation in der Ehe 90
7. Wer wischt den Staub von der Kommode? 107
8. „Recht hat immer nur er" 120
9. „Nur Sex im Kopf" 130
10. „Wenn Sie wüßten, was ich für eine Schwiegermutter habe!" 143
11. Meine Frau glaubt, wir hätten einen Goldesel 152

Anmerkungen 167

Einleitung

Sie war gerade ein halbes Jahr verheiratet. Und wie viele gläubige junge Menschen erwartete sie, daß die Ehe „der Himmel auf Erden" sein würde. „Unsere Ehe wird schöner und harmonischer als alle anderen", dachte sie damals. „Wir beide sind schließlich Christen, und wir lieben uns doch!" Mit dieser Vorstellung ging sie in die Ehe. Was gab es sonst noch zu bedenken? Was sollte jetzt noch schiefgehen? Die Glocken läuteten! Wenn er sie berührte, erschauerte sie. Und es war alles so schrecklich aufregend!

„Eheberatung und Seelsorge? Wer braucht denn sowas? Das ist etwas für Leute mit Problemen. Wir aber haben keine. Schließlich lieben wir uns doch!"

„Wie wäre es denn, wenn ihr wenigstens ein Ehebuch lest oder die Schrift studiert, um etwas über die biblischen Prinzipien zum Leben in Ehe und Familie zu erfahren?"

„Dazu fehlt uns einfach die Zeit. Immerhin wollen wir so schnell wie möglich heiraten. Die Bücher lesen wir, wenn wir uns zur Ruhe setzen. Jetzt müssen wir erst einmal das Leben genießen."

So hatte sie vor einem halben Jahr gedacht. Doch inzwischen war vieles anders geworden, nun, da sie weinend in meinem Büro saß. Ihre Träume waren zerplatzt wie Seifenblasen. „Ich kann ihn nicht ertragen", erzählte sie. „Er ist ein Egoist. An mich denkt er überhaupt nicht mehr. Es muß immer alles nach seinem Kopf gehen. Und zu Hause ist er auch kaum noch. Das ist alles ganz schön belastend für mich." Wie war es möglich, daß die Hoffnungen und Träume eines Menschen innerhalb von 180 Tagen vom Gipfel des Mount Everest in die Abgründe der Hölle hinabstürzen konnten?

Ich habe dieses Buch für all jene geschrieben, die sich eingestehen, daß das Eheglück nicht von allein kommt, selbst wenn beide Partner Christen sind und „sich lieben". Auch unter den Christen steigt die Scheidungsrate ständig, während Abertausende von christlichen Ehepaaren ein gemeinsames Leben führen, das alles andere als überfließend ist, so wie Jesus es uns eigentlich verheißen hat.

Wir können aber nicht allein den jungen Paaren die Schuld dafür geben, daß auch christliche Ehen so häufig nicht mehr harmonisch verlaufen. Oft genug wären die Paare durchaus willig, Rat anzunehmen, aber die Gemeinden sind nicht bereit, ihn auch anzubieten. In unseren Predigten haben wir eigentlich immer nur zwei Ermahnungen für unsere jungen Leute parat: Sie sollen keine Nichtchristen heiraten (2. Korinther 6,14) und vor der Ehe nicht sexuell miteinander verkehren (1. Korinther 6,18). Das sind zwar biblische Aussagen, aber sie sprechen nur davon, was nicht getan werden soll. Es fehlt die Ermunterung zum Positiven, und deshalb sind sie kein Garant für eine glückliche Ehe. Die Bibel hat viel mehr gute Ratschläge als Verbote für uns. Wir aber tun uns schwer, diese positiven Prinzipien für das Verhältnis von Mann und Frau unseren jungen Leuten nahezubringen.

Es ist die Hoffnung des Verfassers, daß das hier vorgelegte Material vielen christlichen Paaren – verheirateten oder noch verlobten – die Augen für den Reichtum biblischer Wegweisung auf diesem Gebiet öffnet. Wir können das Thema zwar nicht erschöpfend behandeln. Aber wir glauben doch, daß ein Paar, das unser Material ganz durchgearbeitet hat, zumindest auf dem richtigen Weg ist, um in der eigenen Ehe glücklich zu werden. Sobald wir uns mit Fragen beschäftigen, die aus dem Leben gegriffen sind, ist eine rein akademische Betrachtungsweise wenig hilfreich. Erst die praktischen Bezüge helfen uns, ein tieferes Verständnis zu entwickeln. Deshalb ist es so wichtig, daß die Übungen am Ende eines jeden Kapitels nicht übersprungen werden.

Es gibt zwei Teile in diesem Buch: „Wir lernen uns kennen" und: „Wir wachsen zusammen". Wie man sich denken kann, richtet sich der erste Teil an Paare, die sich auf die Ehe vorbereiten und lernen wollen, was es heißt, „Partner" zu sein. Der zweite Teil spricht Menschen an, die sich das Jawort bereits gegeben haben und nun daran interessiert sind, diesem Bekenntnis auch gerecht zu werden. Verlobte Paare sollten noch vor der Hochzeit das ganze Buch durcharbeiten und dann den zweiten Teil im ersten Vierteljahr nach der Hochzeit noch einmal lesen. Paare, die schon länger verheiratet sind, werden sicher so manche Anregung für ein gedeihliches Zusammenleben im zweiten Teil des Buches finden. Aber auch der erste Teil für die Verlobten wird Ihnen helfen, wenn Sie unverheirateten jungen Menschen mit Rat und Tat zur Seite stehen wollen.

Teil I
Wir lernen uns kennen

1. Junge Liebe – junges (Un)glück

Ich habe mit vielen gläubigen jungen Menschen gesprochen, die es aufgegeben haben, sich krampfhaft um persönliche Kontakte zum anderen Geschlecht zu bemühen. Sie haben die Erfahrung gemacht, daß solche Versuche in den meisten Fällen unglücklich enden. Es folgen Herzeleid, Verwicklungen, Enttäuschungen und das Gefühl, körperlich ausgenutzt worden zu sein. Es ist einfach viel zu oft ein „Horrortrip".

„Wozu das Ganze? Was bringt es, am laufenden Band Mädchen oder Jungen ‚aufzureißen'? Gott wird mir schon zur rechten Zeit den Richtigen oder die Richtige über den Weg schicken. Da kann ich mir den Krampf ersparen." So denken inzwischen viele. Und haben sie nicht sogar recht? Entspricht diese Gelassenheit nicht viel eher der biblischen Lebensweise?

Gerade bei uns in Amerika gehört das „Dating" zum kulturellen Erbe. Es haben sich feste Rituale und Verhaltensweisen entwickelt, die mancher für unverzichtbar hält.

Aber es sei daran erinnert, daß dieser typische Umgang, den die jungen Menschen bei uns miteinander pflegen, kein kulturübergreifendes Phänomen ist. In vielen Gesellschaften – in entwickelten und weniger entwickelten – ist es verpönt, daß junge Menschen so ungeniert umeinander werben. Und gerade in diesen Gesellschaften gibt es viele stabile Ehen. Für eine erfolgreiche Partnerwahl ist es also nicht nötig, durch hektische Aktivitäten eine Unzahl von in Frage kommenden Partnern kennenzulernen.

Zweck einer aktiven Partnersuche

Wozu bemüht man sich eigentlich so angestrengt um persönliche Kontakte zum anderen Geschlecht? Der Grund, warum viele junge Leute nach einigen Versuchen so frustriert sind, mag darin liegen, daß sie sich über ihre wahren Absichten nicht im klaren sind. Auf die Frage, warum die jungen Leute auf Kontaktsuche gehen, erhält man eine ganze Bandbreite von Antworten. Sie reicht von: „Ich will einfach Spaß haben" bis „Ich suche einen festen Partner". Die Suche nach der festen Bindung steht mehr oder weniger immer als Motiv im Hintergrund. Aber die Beweggründe im einzelnen sind selten bewußt. Ich möchte ein paar dieser Motive nennen und Sie ermuntern, noch eigene hinzuzufügen.

Wer mit dem oder der Auserwählten etwas unternehmen will, möchte sich mit dem anderen Geschlecht vertraut machen und den Umgang mit ihm lernen. Immerhin gehört die zweite Hälfte der Weltbevölkerung diesem anderen Geschlecht an. Sollte es mir also nicht gelingen, die Kunst des ungezwungenen Umgangs zu lernen, wird mir vieles im Leben entgehen.

Gott hat uns als Mann und Frau geschaffen, und er möchte, daß wir als Geschöpfe, die nach seinem Bild geschaffen wurden, in Beziehung zueinander treten. Unsere Unterschiede sind körperlich, nicht aber geistlich und intellektuell. Wir haben zwar nahezu die gleichen Bedürfnisse, trotzdem müssen wir durch den Aufbau von Beziehungen lernen, so miteinander umzugehen, daß wir einander wirklich dienen können. Und das ist schließlich unsere Lebensaufgabe. Ohne Begegnung gibt es keine Beziehung.

Vor ein paar Jahren erzählte mir ein Freund von seinen Erlebnissen im Militärdienst, den er an der französischen Riviera ableistete. Tag für Tag schaute er aus seinem Wohnzimmerfenster auf die vielen Vertreterinnen jener anderen Hälfte der Menschheit, die oft kaum mehr bekleidet waren als Eva im Garten Eden. Seine Phantasie ging mit ihm durch. Und das Ganze wiederholte sich jeden Tag. Der Kampf mit der eigenen Begierde wurde immer heftiger, so daß er schließlich einen gläubigen Freund um Rat fragte.

„Wie soll ich mit meinem ungestillten Verlangen umgehen? So kann es nicht weitergehen."

Sein Freund machte dann einen Vorschlag, mit dem er nicht gerechnet hatte: „Geh doch mal hinunter zum Strand und sprich mit den Mädchen."

Das wollte mein Freund zunächst auf keinen Fall tun, weil er glaubte, das sei unschicklich für einen Christen. Dann ließ er sich doch überreden. Zu seinem großen Erstaunen mußte er feststellen, daß sein Begehren nicht gesteigert wurde, sondern tatsächlich abnahm. Während er sich mit den Mädchen unterhielt, wurde ihm bewußt, daß dies ganz normale Menschen waren und keine seelenlosen Lustobjekte. Jede hatte ihre eigene Persönlichkeit, Lebensgeschichte und Vorstellungswelt. Es waren menschliche Wesen, mit denen er Gedanken austauschen konnte und die auch ihn als menschliches Gegenüber wahrnahmen.

Solange er in seiner Wohnung blieb und die Mädchen durchs Fenster anstarrte, waren sie für ihn nur Lustobjekte. Doch als er sich ihnen näherte, bemerkte er, daß es ganz normale Menschen waren. Das ist der Grund, warum wir vor der Ehe auf so viele Menschen wie möglich zugehen und gemeinsame Unternehmungen anstreben sollten.

Aber unser Suchen nach Kontakten dient noch einem weiteren Zweck. Es hilft uns, unsere Persönlichkeit weiterzuentwickeln. Wir sind alle noch auf dem Weg. Jemand hat einmal vorgeschlagen, jeder von uns sollte ein Schild um den Hals tragen, auf dem steht: „Achtung! Bauarbeiten!"

Sobald wir uns mit anderen Menschen einlassen, treten bestimmte Charaktermerkmale von uns deutlicher zutage. Das aber setzt eine gesunde Selbstanalyse in Gang, durch die wir uns immer besser verstehen lernen. Wir erfahren, daß bestimmte Charakterzüge besser ankommen als andere. Und wir entdecken, wo unsere Stärken und Schwächen liegen. Wer aber seine Schwächen kennenlernt, der ist auf dem besten Weg, sich persönlich zu entwickeln.

Wir müssen uns mit der Tatsache abfinden, daß wir alle Stärken und Schwächen haben. Niemand ist vollkommen. Reife bedeutet nicht, eines Tages ohne Makel zu sein. Der Weg des Christen ist eine Serpentine, die uns zum Gipfel führt. Wir werden uns niemals mit dem erreichten Entwicklungsstand zufriedengeben. Sind wir z. B. eher still und gehemmt, so bemerken wir im Umgang mit anderen, daß wir ihnen nicht allzuviel zu geben haben. Sind wir dagegen allzu geschwätzig, ziehen sich die anderen zurück, und so haben wir auch ihnen nichts zu geben. Die Partnersuche hilft uns also, uns selbst besser zu erkennen, so daß wir viel eher bereit sind, mit dem Heiligen Geist zusammenzuarbeiten, um unsere Persönlichkeit voll zu entfalten.

Vor einer Reihe von Jahren sagte ein junger Mann zu mir, der früher immer etwas zu geschwätzig gewesen war: „Mir ist nie bewußt geworden, wie sehr ich anderen auf die Nerven gegangen bin, bis ich mich regelmäßig mit Mary traf. Sie redete ohne Punkt und ohne Komma. Und das machte mich fertig." Ihm war ein Licht aufgegangen, und er wurde auf etwas aufmerksam, was er vorher nie bemerkt hatte. An Mary entdeckte er seine eigene Schwäche, und er war reif genug, Schritte zu unternehmen, die ihn weiterbrachten.

Für ihn bedeutete das, etwas weniger zu reden und dafür die Fähigkeit zu entwickeln, anderen Menschen zuzuhören. Das war auch der Rat, den schon vor langer Zeit der Apostel Jakobus aufgeschrieben hat: „Ihr wißt doch, meine geliebten Brüder: Jeder Mensch sei schnell zum Hören, langsam zum Reden" (Jakobus 1,19). Was uns an anderen Menschen stört, ist oft eine Schwäche, die wir selber haben. Und deshalb können die persönlichen Kontakte bei der Partnersuche dazu beitragen, daß wir uns selber realistischer einschätzen.

Die Partnersuche mit ihren vielen persönlichen Begegnungen hat noch eine dritte positive Seite. Sie gibt uns Gelegenheit, anderen zu dienen. Christus ist unser Vorbild. Nach seinen eigenen Worten war er nicht gekommen, um sich dienen zu lassen, sondern um selber zu dienen (Markus 10,45). Wollen wir seinem Beispiel folgen, müssen auch wir diese Bereitschaft zum Dienst am anderen aufbringen. „Wenn jemand unter euch groß werden will, wird er euer Diener sein, und wenn jemand unter euch der Erste sein will, wird er euer Sklave sein" (Matthäus 20,26-27).

Ich will damit nicht sagen, daß wir bei der Partnersuche wie Märtyrer vorgehen sollen, die nach der nächsten Last Ausschau halten: „Ich Armer – jetzt muß ich auch noch dieses ‚Kreuz' auf mich nehmen, um meine Christenpflicht zu tun!" Die Partnersuche für den Christen darf aber auch keine Einbahnstraße sein. Er sollte sich nicht immer nur fragen, was für ihn dabei herausspringt. Er sollte sich auch dafür interessieren, wie er das Leben des möglichen Lebenspartners bereichern kann. Wir sind aufgerufen, einander zu dienen. Und je enger unsere Beziehung ist, desto besser können wir das tun.

Auch hierin ist uns Christus ein Vorbild. Er diente zwar auch der Menge durch seine Lehre und Predigt, aber er kümmerte sich genauso um einzelne Menschen. Und das waren nicht etwa nur die zwölf Männer, die er um sich geschart hatte, sondern auch viele Frauen. Ich möchte an die Begegnung mit der Frau am Brunnen in Johannes 4 erinnern und an die Zeit, die er mit Maria und Martha in Bethanien verbrachte. Frauen beteten am Fuß des Kreuzes, und sie waren es, die zuerst am offenen Grab ankamen. Jesus wandte sich Männern und Frauen gleichermaßen zu, und nach diesem Vorbild sollten wir uns richten.

Wieviel Segen würden wir im Leben erfahren, wenn wir auf die Suche nach einem Partner in der Absicht gingen, nicht nur für uns selbst dabei etwas „herauszuholen", sondern auch die positiven Seiten anderer Menschen zur Geltung zu bringen. Es kann so mancher scheue junge Mann von einer Freundin, die Interesse an ihm zeigt, aus der Reserve gelockt werden. Und so mancher Prahlhans könnte oft schon durch ein paar freundliche Worte in die Schranken gewiesen werden!

Wer seine Berufung als Christ ernst nimmt, dessen Einstellung zur Partnersuche wird sich verändern. Wir sind so sehr darauf fixiert, immer nur unsere guten Seiten herauszukehren, daß wir um keinen Preis etwas äußern, wodurch wir in keinem allzu guten Licht dastehen könnten. Wenn wir jedoch unserem Nächsten dienen wollen, müssen wir offen und ehrlich sein. Wir sind zum Dienst berufen; und die Bereitschaft dazu sollte jeden Bereich unseres Lebens durchdringen. Wenn wir uns der geistlichen, intellektuellen und emotionalen Bedürfnisse des anderen annehmen und zur Reife seiner Persönlichkeit beitragen, dienen wir ihm.

Bei Julie war es Liebe auf den ersten Blick, als sie Tom, der damals Studienanfänger war, zum ersten Mal im Englischseminar begegnete. Aber es verging noch ein ganzes Jahr, bis er es wagte, sie einmal einzuladen.

Doch inzwischen war Tom ins Gerede gekommen. Er gehe besonders sparsam mit den natürlichen Ressourcen der Umwelt um – vor allem mit dem Wasser. Er badete tatsächlich nur noch einmal in der Woche. Aber niemand war bereit, ihn darauf anzusprechen und ihm „die Wahrheit in Liebe“ zu sagen. Man hatte durchaus versucht, ihm durch die Blume mitzuteilen, was andere über ihn dachten, als ihm z. B. Freunde zum 19. Geburtstag 19 Stück Seife schenkten. Doch solche Anspielungen „durch die Blume“ zeigen oft keine Wirkung.

Julie wollte ihm helfen. Und so entschloß sie sich, die Einladung trotz der Sticheleien ihrer Mitbewohnerinnen anzunehmen, die meinten, sie solle auf jeden Fall eine Gasmaske aufziehen. Gleich am ersten Abend sprach Julie mit Tom ganz offen über das Thema. Und durch die geschickte Wahl ihrer Worte gelang es ihr, ihn davon zu überzeugen, daß tägliche Körperpflege ganz normal und auch ökologisch zu vertreten sei. Auf diese Weise bewirkte sie, daß dieser junge Mann ein ganz neues Leben beginnen konnte. Wenn wir uns Gedanken machen und uns für den anderen interessieren, können wir also viel Gutes bewirken.

Es gibt noch einen weiteren Grund, warum wir uns mit vielen unterschiedlichen Jungen bzw. Mädchen verabreden sollten: Unsere Vorstellungen von einem möglichen Lebensgefährten werden konkreter. Wir begegnen auf diese Weise nämlich Menschen mit ganz unterschiedlichen Charakteren. Wenn wir uns dann irgendwann endgültig für einen Partner entscheiden wollen, haben wir bereits genügend Erfahrungen gemacht, um eine kluge Wahl zu treffen.

Wer auf diese Weise nur wenige Menschen kennengelernt hat, den wird immer die Frage umtreiben: Gibt es vielleicht noch Menschen, die ganz anders sind? Hätte ich vielleicht einen Partner finden können, der besser zu mir paßt? Fast jeder stellt sich diese Fragen irgendwann einmal im Laufe seiner Ehe, besonders wenn es kriselt. Doch derjenige, der sehr viele persönliche Beziehungen vor der Hochzeit gepflegt hat, ist besser dafür gerüstet, die passenden Antworten darauf zu finden. Er steht nicht so sehr in der Gefahr, in eine Traumwelt zu fliehen, weil er aus eigener Erfahrung weiß, daß niemand vollkommen ist. Wir müssen gemeinsam mit unserem Lebensgefährten wachsen und reifen und nicht ständig nach einem „besseren“ Ausschau halten.

Schließlich geht es bei der Partnersuche auch noch darum, dem Partner zu begegnen, den Gott für uns vorgesehen hat. Viele Christen möchten gerade in diesem Bereich Gott nicht mit im Spiel haben. Aber die Geschichte aus der Bibel, mit der wir uns im nächsten Kapitel beschäftigen wollen, macht eins ganz deutlich: Gott ist sehr daran interessiert, daß wir den richtigen Partner fürs Lebens finden.

In Sprüche 3,5-6 heißt es: „Vertraue auf den HERRN mit deinem ganzen Herzen und stütze dich nicht auf deinen Verstand! Auf all deinen Wegen erkenne nur ihn, dann ebnet er selbst deine Pfade!“ Man beachte, daß wir keineswegs aufgefordert werden, unseren Verstand gar nicht einzusetzen. Wir sollen uns nur nicht auf ihn verlassen. Bei Entscheidungsprozessen soll die menschliche Vernunft nicht allein ausschlaggebend sein. Wir vertrauen auf den Herrn. Wir sind zu schwach, um alle Entscheidungen allein treffen zu können. Und was könnte schwieriger sein, als genau den Menschen zu finden, mit dem wir in Harmonie und zur gegenseitigen Erfüllung in den nächsten fünfzig Jahren gemeinsam leben sollen? Die Bandbreite der möglichen Entscheidungen ist einfach zu groß. Dafür reicht der menschliche Verstand nicht aus. Gott allein ist in der Lage, das alles zu überblicken. Er möchte uns deshalb auch zur Seite stehen, und so erwartet er, daß wir seine Führung akzeptieren. Sobald wir diesen Bereich unseres Lebens ihm übergeben und ihn stets um seine Wegweisung bitten, können wir darauf vertrauen, daß er unsere Gedanken und Lebensumstände lenkt und uns den richtigen Weg zeigt.

Um herauszubekommen, was Gott will, sollen wir durchaus unseren Verstand einsetzen, aber dieser Verstand soll auf Gott ausgerichtet sein. In den nächsten zwei Kapiteln werde ich einige biblische Prinzipien vorstellen, wie man Gottes Führung besonders bei der Partnerwahl erkennen lernt. Gott hat uns diese Leitlinien gegeben, damit wir unser Ziel auch erreichen.

Achtung! Gefährliche Wegstrecke!

Wer so ganz bewußt darangeht, sich einen Partner fürs Leben zu suchen, der läuft immer Gefahr, auch Fehler dabei zu machen. Zwar sind die Schlaglöcher auf dem Weg durch Warnschilder markiert, doch sie werden allzu leicht übersehen, und so manch einer bleibt dann mit einem beschädigten Gefährt auf der Strecke. Wenn wir uns aber der Gefahren ständig bewußt sind, dann können wir sie auch umgehen. In diesem Abschnitt wollen wir auf ein paar dieser „Schlaglöcher" hinweisen.

Der häufigste Fehler bei der Partnersuche ist wohl der, daß wir die körperliche Anziehung zu sehr ins Zentrum des Interesses rücken. Viele christliche junge Paare bilden da keine Ausnahme. Man verbringt viele Stunden miteinander und tauscht Zärtlichkeiten aus, die eigentlich schon zum Vorspiel einer sexuellen Vereinigung gehören. Weil aber die Schrift diesen Abschluß noch nicht zuläßt, bricht das Paar seine Aktivitäten kurz vor der Gefahrenzone ab, und man trennt sich frustriert und ernüchtert. Wenn fast ausschließlich das Körperliche die Beziehung trägt, entwickelt sich die seelische Beziehung kaum noch.

Junge Paare, die verantwortungsbewußt miteinander umgehen wollen, stellen mir oft die Frage: „Wann sollte es in einer Beziehung zu Zärtlichkeiten kommen?" Man kann darauf keine allgemeingültige Antwort geben. Aber vielleicht gibt es eine Richtlinie, an die wir uns ungefähr halten können. Ich meine, daß Zärtlichkeiten so lange ausgespart bleiben sollten, bis sich beide Partner darüber einig sind, daß sie eine langfristige Beziehung eingehen wollen, die mit einiger Wahrscheinlichkeit in die Ehe mündet.

Am Anfang aber sollte die Beziehung nur darauf ausgerichtet sein, sich gegenseitig zu beschenken und zu bereichern. Es gibt so viele Möglichkeiten, auch ohne sexuell geprägtes Verhalten eine Beziehung aufrechtzuerhalten, in der man sich durchaus freundschaftlich umarmen darf. Mit sexuell motivierten Zärtlichkeiten sollte man allerdings warten, bis sich die Beziehung gefestigt und einen gewissen Reifegrad erreicht hat. Der eine oder andere wird mir vielleicht widersprechen, aber ich denke doch, daß dieses Prinzip eins bewirkt: In der Beziehung rücken die zwischenmenschlichen Aspekte viel stärker in den Vordergrund. Es wird bewußter, daß man miteinander verkehrt, weil man füreinander dasein möchte.

Nehmen wir an, Sie halten sich an dieses Prinzip, und nun haben Sie Umgang mit einem Menschen, bei dem Sie sich durchaus vorstellen können, ihn eines Tages zu heiraten. Wie weit sollten Sie gehen mit Ihren Zärtlichkeiten? Ich denke, daß wir die körperliche Nähe ganz allmählich parallel zur Entwicklung unserer Beziehung steigern sollten. Das Näherrücken des Hochzeitstermins ist also ausschlaggebend. Ausgewogenheit ist das, was wir brauchen. Wir sollten es einfach nicht zulassen, daß das Körperliche stärker wird als alle geistlichen, sozialen und intellektuellen Aspekte.

Jedes Paar muß sich regelmäßig fragen, wie es um die Beziehung steht. Wenn die beiden feststellen, daß die körperliche Anziehung zuviel Gewicht bekommt, dann sollten sie offen darüber reden und sich überlegen, wie das Gleichgewicht wieder hergestellt werden kann. Das könnte bedeuten, die Umgangsformen radikal zu verändern: Man verbringt nicht mehr so viel Zeit allein miteinander und unternimmt mehr zusammen mit Freunden oder sucht engere Kontakte zu befreundeten Paaren.

Der Gefahr, aus dem Gleichgewicht zu geraten, läßt sich eher aus dem Weg gehen, wenn man dazu fest entschlossen ist. Versagen wir, so können wir dafür nicht unseren Geschlechtstrieb oder die besonderen Umstände verantwortlich machen. Letztlich sind wir es selber, die über unser Schicksal entscheiden.

Ein weiterer Fehler, den wir häufig aus einer inneren Unsicherheit heraus begehen, ist, daß wir uns bei der Partnersuche allzu schnell auf eine einzige Person fixieren. All das, was wir bisher als Ziele einer längeren Partnersuche genannt haben, kommt in diesem Fall einfach zu kurz. Ein Prozeß, für den wir viel Zeit übrig haben sollten, wird so abgekürzt, daß wir allzu schnell unser Ziel erreichen, ohne die Erfahrungen gemacht zu haben, die uns später im Leben von Nutzen sein könnten.

Es gibt natürlich wie immer die rühmlichen Ausnahmen. Ich freue mich, wenn es auch einmal ohne Umwege geht. Es gibt Paare, die sich schon von frühester Jugend kannten und niemals nach einem anderen Partner gesucht haben und nun glücklich verheiratet sind. Sie sollen dann natürlich nicht die fehlenden Erfahrungen später „nachholen".

Ich möchte aber darauf hinweisen, daß diejenigen, die noch unverheiratet sind und sich bisher kaum umgeschaut haben, sich selber einen Gefallen tun, wenn sie einen möglichst großen Freundeskreis aufbauen. Auch wenn sie schon in festen Händen sind, muß das nicht Eifersucht auslösen, sofern sich beide über die Absichten im klaren sind.

Eine weitere Gefahr ist, daß wir aus Liebe farbenblind werden. Ich selber verwechsle öfter grün und braun und rosa und beige oder auch andere Farbkombinationen. So geht es dann auch Paaren, die dabei sind, sich näher kennenzulernen. Weil romantische Gefühle alles bestimmen, sehen sie die Dinge nicht mehr so, wie sie sind. Wenn wir jemand mögen, neigen wir dazu, nur seine Stärken wahrzunehmen und seine Schwächen zu übersehen.

Bei meinen Seelsorgegesprächen für Verlobte bitte ich die junge Frau meist, alle positiven Seiten ihres Partners aufzuschreiben. Der junge Mann bekommt dieselbe Aufgabe. Sobald die beiden ein bißchen nachgedacht haben, kommt meist eine ganz stattliche Liste zustande. Dann werden beide aufgefordert, die Schwächen des oder der Auserwählten aufzuschreiben. Es sollen all die Dinge genannt werden, die man am andern nicht mag oder die eines Tages zu Problemen werden könnten. Sofern die jungen Leute nicht wenigstens ein paar Wesenszüge des anderen hier auflisten, sage ich ihnen, daß sie noch nicht reif für die Ehe sind.

In einer reifen Beziehung, die ehetauglich ist, wird man immer realistisch genug sein, auch die Schwächen des anderen zu sehen. Daß wir keinen perfekten Partner bekommen, darf für uns nicht nur eine theoretische Erkenntnis sein. Wir müssen es uns auch ganz konkret in der Beziehung bewußt machen. Es hilft uns, den Tatsachen ins Auge zu sehen, wenn wir diese Dinge konkret ansprechen.

Im offenen Gedankenaustausch können wir uns fragen, welche dieser Schwächen abgebaut werden können. (Bei den meisten ist dies möglich, wenn der Betreffende es wirklich will.) Sollte man zu der Auffassung kommen, eine Schwäche sei nicht zu beheben, dann stellt sich die Frage, zu welchen Konflikten sie später in der Ehe führen könnte. Eine realistische Beurteilung solcher Fragen sollte Teil des Entscheidungsprozesses sein, der einer Ehe vorausgeht.

Eine weitere Gefahr ist die Illusion, Verliebtheit genüge. Vor einiger Zeit rief mich ein junger Mann an, der wissen wollte, ob ich seine Freundin und ihn trauen würde. Als ich mich nach dem Termin erkundigte, erfuhr ich, daß die Hochzeit in einer knappen Woche stattfinden sollte. Ich wandte ein, daß ich im Normalfall vier bis sechs ausführliche Traugespräche mit den Heiratswilligen führen würde.

Die Antwort war typisch: „Um ehrlich zu sein, wir brauchen solche Beratung gar nicht. Wir lieben uns wirklich sehr. Da wird es sicher keine Probleme geben.“ Ich mußte schmunzeln, und gleichzeitig war mir zum Weinen. Ich hatte es wieder mit einem Opfer jener Illusion von der Unbesiegbarkeit des Verliebtseins zu tun.

Es gibt wohl kaum Paare, die heiraten, ohne das Gefühl zu haben, unsterblich verliebt zu sein. Und die meisten glauben, daß dies das wichtigste Fundament für die Ehe sei. Wenn Paare zu mir in die Seelsorge für Verlobte kommen, frage ich, warum sie denn heiraten wollen. Sie schauen sich an, kichern und lachen und antworten dann: „Weil wir uns lieben!“

Wenn ich dann aber nachhake und mich erkundige, was sie unter

Liebe verstehen, dann sind nur wenige in der Lage, eine konkrete Antwort zu geben. Die meisten meinen schließlich, es sei ein tiefes Gefühl, das sie füreinander hegen würden. Es sei schon geraume Zeit zu spüren und unterscheide sich auf undefinierbare Weise von den Gefühlen bei früheren Freundschaften.

Das alles erinnert mich ein bißchen an Jagdmethoden in Afrika: Mitten auf dem Wildwechsel zur Wasserstelle wird ein tiefes Loch gegraben und dann mit Zweigen und Laub abgedeckt. Das arme Tier kommt darhergetrottet, denkt sich nichts Böses und fällt in die Grube. Es ist gefangen.

Wir reden manchmal so, als sei die Liebe für uns nichts anderes. Wir sind guter Dinge, tun gerade unsere Pflicht . . . und urplötzlich fällt unser Blick auf ihn oder sie, und wir sind – wie es im Englischen wörtlich heißt – „in die Liebe gefallen". Wir scheinen dagegen nichts tun zu können. Wir haben die Herrschaft über uns verloren. Es gibt nur eine einzige Möglichkeit zu reagieren: Heiraten! Je eher, desto besser. Also schnell den Freunden alles erzählt. Und weil sie demselben Denkschema verfallen sind, sind auch sie sofort der Meinung, wir seien verliebt, und deshalb könnten wir ja auch gleich heiraten.

Niemand bedenkt, daß sich unsere sozialen, geistlichen und intellektuellen Bedürfnisse keineswegs immer decken. Wir können in verschiedenen Bereichen nach ganz widersprüchlichen Zielen streben. Wenn wir das aber verdrängen, ist die Tragödie programmiert: Ein halbes Jahr später sitzen wir beim Seelsorger und sagen: „Wir lieben uns nicht mehr." Wir sind bereit, uns zu trennen. Die „Liebe" hat sich in Luft aufgelöst, also können wir nicht mehr zusammenbleiben.

Ich nenne diese oben beschriebene emotionale Erfahrung nicht „Liebe". Ich nenne sie „das große Kribbeln". Es schadet nicht, wenn wir dieses Kribbeln ab und zu verspüren. Es ist eine Realität. Und ich bin dafür, daß es nicht abgeschafft wird. Aber es ist niemals das Fundament einer glücklichen Ehe. Im 2. Kapitel werde ich darlegen, was ich für dieses Fundament halte. Im Augenblick möchte ich nur betonen, daß wir es dem kulturellen Umfeld, in dem wir leben, nicht gestatten dürfen, uns vorzugaukeln, das Kribbeln im Bauch sei alles, was wir für eine glückliche Ehe brauchen.

Ich meine allerdings nicht, das Kribbeln sei überflüssig, wenn man heiraten möchte. Alles, was dieses Kribbeln ausmacht – das Herzklopfen, die Gänsehaut, das Gefühl, angenommen zu sein, die Erregung bei jeder Berührung –, ist sozusagen das I-Tüpfelchen. Das I ist nicht vollständig ohne Punkt. Aber der Punkt allein hat keine Funktion.

Wir werden dieses Kribbeln bei so manchem Vertreter des anderen

Geschlechts verspüren, bevor wir unseren Lebensgefährten treffen. Und viele Christen werden bestätigen, daß dieses Kribbeln auch noch nach der Hochzeit durch Menschen ausgelöst wird, mit denen wir nicht verheiratet sind. Das heißt aber nicht, daß wir diesem Kribbeln nachgeben müssen und ein Verhältnis mit dem Betreffenden anfangen.

Im Gegenteil: Wir stehen zu dem Gefühl. Aber weil wir Gott kennen, sind wir dieser inneren Regung nicht ausgeliefert. Durch seine Kraft gelingt es uns, unserem Partner zugewandt zu bleiben und unsere Beziehung zu ihm noch zu festigen. Das Kribbeln hält selten länger an, und so sollte es niemals Diktator unseres Handelns sein.

Echte Liebe, mit der wir uns ausführlich in Kapitel 5 beschäftigen wollen, ist der entscheidende Faktor für den Entschluß, eine Ehe einzugehen. Diese Liebe manifestiert sich eher in Taten als in Gefühlen. „Die Liebe ist langmütig, die Liebe ist gütig, sie sucht nicht das Ihre", sagt der Apostel (1. Korinther 13,4-8). An der Art, wie der Partner uns entgegentritt, können wir erkennen, ob er uns liebt. Die Gefühle Ihres Gegenübers werden Sie nicht immer kennen. Aber was er tut, bleibt Ihnen nicht verborgen. Ja, Liebe ist eine Vorbedingung für die Ehe. Aber es sollte eine tätige Liebe sein und nicht nur eine Liebe aus dem Gefühl heraus. In dem Zusammenhang fällt mir ein Vers ein, den ich irgendwo las:

Er hielt mich eng umschlungen,
als ein Schauer mich durchfuhr.
Ich dacht', es wär' die Liebe –
doch war's sein' Eiscreme nur.

Damit ich nicht mißverstanden werde, möchte ich eins klarstellen: Ich bin durchaus der Meinung, daß wir zu unserem zukünftigen Lebensgefährten ein herzliches und durchaus gefühlsbetontes Verhältnis haben. Wir sind emotionale Geschöpfe, und bei einer Entscheidung von so großer Tragweite wie der Entschluß zu heiraten sollten Gefühle durchaus eine wichtige Rolle spielen. Der Entschluß zur Ehe sollte deshalb sowohl auf der rationalen als auch auf der emotionalen Ebene fallen. Das Gefühl allein ist ein schlechter Ratgeber, aber zusammen mit dem Verstand bekommen wir den nötigen Weitblick.

Die letzte Gefahr, die ich ansprechen möchte, ist die Bereitschaft, das Unmögliche zu versuchen. Träume sind schön. Aber Illusionen sind Torheit. Gott warnt uns immer wieder davor, Licht und Finsternis vereinen zu wollen. Das ist letztlich nicht möglich, und Gott möchte uns davor bewahren, unsere Energie dafür zu verschwenden. Paulus nennt in

2. Korinther 6,14-15 das Prinzip: „Geht nicht unter fremdartigem Joch mit Ungläubigen! Denn welche Verbindung haben Gerechtigkeit und Gesetzlosigkeit? Oder welche Gemeinschaft Licht mit Finsternis? Und welche Übereinstimmung Christus mit Belial? Oder welches Teil ein Gläubiger mit einem Ungläubigen?"

Vielleicht wendet jetzt jemand ein: „Ich kenne aber eine gläubige junge Frau, die einen ungläubigen Mann geheiratet hat. Nach der Hochzeit ist er Christ geworden. Und die beiden sind jetzt sehr glücklich." Preis dem Herrn! Trotzdem müssen wir uns klarmachen, daß diese junge Frau die Ausnahme von der Regel kennengelernt hat. Dieser Ausgang ist keineswegs die Regel, wie viele bestätigen können. Und man kann sich niemals darauf verlassen, die rühmliche Ausnahme zu sein.

Vielleicht kommt aber auch der Einwand: „Ich kenne eine Christin, die mit einem ungläubigen Mann verheiratet ist. Und die beiden führen durchaus eine glückliche Ehe." Preis dem Herrn! Ich bin immer froh, von glücklichen Ehen zu hören. Aber wie wir später noch sehen werden, hat Ehe sehr viel mit Übereinstimmung und Einssein zu tun. Es sollte der Wunsch vorhanden sein, so viele Gemeinsamkeiten wie möglich zu haben und einen gemeinsamen Erfahrungsschatz zu sammeln. Ein Christ und ein Nichtchrist können aber eine ganz entscheidende Erfahrung im Leben niemals gemeinsam haben – die persönliche Gemeinschaft mit dem lebendigen Gott. Ein wichtiger Lebensbereich bleibt für gemeinsame Erfahrungen ausgeklammert. Und weil dieser Bereich so wichtig ist, beeinflußt er auch andere.

Nein, eine Allianz zwischen einem gläubigen Menschen und einem ungläubigen wird niemals all das umfassen können, was Gott in die Ehe hineingelegt hat. Eine wirkliche innere Einheit wird nicht zu erreichen sein, so sehr man sich auch darum bemüht.

So mancher gewissenhafte junge Christ fragt deshalb, ob er sich überhaupt mit einem ungläubigen Freund oder einer ungläubigen Freundin verabreden sollte. Vielfach wird darauf mit einem klaren Nein geantwortet. Jene, die so argumentieren, gehen davon aus, daß solche Aktivitäten fast zwangsläufig in die Ehe münden: „Fang gar nicht erst ein Techtelmechtel mit einem Ungläubigen an, dann wirst du auch keinen Ungläubigen heiraten", warnen sie.

Dieser Aussage kann man kaum ein Argument entgegenhalten. Wenn man ganz sichergehen will, darf man sich eben mit keinem Ungläubigen einlassen.

Wenn wir aber den Aspekt nicht außer acht lassen wollen, daß solche lockeren Verabredungen auch Dienst am Nächsten bedeuten können, und wenn wir glauben, daß gerade Ungläubige Christus brauchen, dann können wir auch an einem netten Abend evangelistisch tätig werden. Vielleicht sind wir ja gerade in diesem Augenblick ein Instrument Gottes, durch das jemand Jesus kennenlernt. Viele Christen können berichten, daß sie durch das Zeugnis eines lieben Freundes, der sie eingeladen hatte, zum Glauben gekommen sind.

Das biblische Prinzip lautet: „Geht nicht unter fremdartigem Joch mit Ungläubigen!“ Ich denke nicht, daß Aktivitäten zum Kennenlernen – vor allem, wenn sie aus Interesse am anderen stattfinden – ein Joch sind. Joch bedeutet Verpflichtung. Doch wenn man sich locker ein paarmal trifft, geht man noch keine Verpflichtungen ein. Eine Verabredung ist nur die Übereinkunft, ein paar Stunden gemeinsam zum Klönen oder zu anderen Aktivitäten zu verbringen. Wenn hier Verpflichtung mit im Spiel ist, dann ist sie nur minimal.

Gefahr ist allerdings dann im Verzug, wenn der Christ sich etwas vormacht und meint, er sei ja nur „sozial“ engagiert, während die eigentlichen Motive ganz woanders liegen. Wenn Christus ausgeschlossen bleibt und beim ersten oder zweiten Treffen nicht auch über den Glauben gesprochen wird, dann macht man sich offensichtlich etwas vor. Wenn Sie über Ihren Glauben reden und das Gespräch darüber im Sande verläuft, ist es sicher verkehrt, diese Beziehung auf anderen Gebieten zu vertiefen. Man beschwört das Unglück geradezu herauf, wenn man von einer langfristigen Beziehung zu solch einem Menschen träumt. Für den Christen sind die geistlichen Aspekte des Lebens von zentraler Bedeutung, und sie durchdringen alles. Diese Tatsache muß man sich bei jeder Freundschaft deutlich vor Augen führen.

Nun sollten Sie einmal darüber nachdenken, wie das mit der Partnersuche bei Ihnen eigentlich ist oder war. Haben Sie dabei auch die Ziele verfolgt, die wir in diesem Kapitel angesprochen haben? Sind Ihnen noch weitere eingefallen? Sind Ihnen die angesprochenen Gefahren und Fehler bewußt geworden? Könnte es sein, daß einige dieser Gefahren im Augenblick für Sie eine konkrete Bedeutung haben? Wie können Sie sich schützen? Die folgenden Fragen sollen Ihnen helfen, neue Erkenntnisse zu gewinnen und Entscheidungen zu treffen, die Sie im Leben weiterbringen.

Übungen und Fragen, die weiterhelfen

Für Verlobte und solche, die es werden wollen:

1. Beschäftigen Sie sich mit dem Test auf der nächsten Seite, durch den Sie einiges über sich selbst erfahren können. Sie werden herausbekommen, ob Sie bei der Partnersuche richtig vorgehen. (Sofern Sie bereits eine relativ feste Bindung eingegangen sind, sollte jeder von Ihnen beiden die Fragen beantworten. Hinterher können Sie dann vergleichen. Das wird Anregung für gute Gespräche sein.)
2. Besprechen Sie die Antworten dieses Tests mit einer Person Ihres Vertrauens, die Ihnen bei einer ehrlichen Einschätzung Ihrer noch jungen Beziehung helfen wird.
3. Wenn Sie sich die Antworten anschauen, sollten Sie sich fragen, was Sie noch anders machen sollten in Ihrer Beziehung. Seien Sie dabei so konkret wie möglich, und handeln Sie sofort. Das könnte folgende Konsequenzen haben:
   a) Die Beziehung wird beendet.
   b) Sie verändern den Charakter Ihrer gemeinsamen Aktivitäten.
   c) Sie reden offen über Ihre wahren Absichten.
   d) Sie treffen Maßnahmen, um sich nicht in Situationen zu manövrieren, aus denen Sie nicht mehr so leicht herauskommen.

Für Ehepaare:

1. Machen Sie sich eins klar: Sie können nicht mehr von vorn anfangen. Reife bedeutet, den Ist-Zustand zu akzeptieren und dann zukunftsorientiert zu handeln.
2. Bekennen Sie Fehler aus der Vergangenheit, und nehmen Sie die Vergebung Gottes an. Stellen Sie sicher, daß vergebene Fehler nicht in irgendeinem verborgenen Winkel weiterschmoren. Tote sollte man begraben!
3. Nehmen Sie sich fest vor, die Prinzipien, die wir in diesem Buch vorstellen wollen, zu beherzigen, um Ihre Ehe mit dem größten Gewinn für Sie beide zu führen.
4. Stellen Sie sich der Verantwortung, der nächsten Generation mit Rat und Tat zur Seite zu stehen. Fällt Ihnen jemand ein, dem Sie die aus diesem Kapitel gewonnenen Erkenntnisse weitergeben könnten?

Test

1. Wie ungezwungen kann ich mit Vertretern des anderen Geschlechts umgehen?
   ______ *sehr gut* ______ *es geht* ______ *gar nicht*

2. Inwiefern habe ich mich in meiner Persönlichkeit durch die näheren Kontakte zu anderen Mädchen bzw. Jungen verändert?
   ____
   ____
   ____

3. Schreiben Sie auf, wie sich Ihre Anwesenheit auf Freund oder Freundin auswirkt. Es hilft vielleicht, wenn Sie Ihre Antworten nach bestimmten Kriterien ordnen – geistlich, intellektuell, emotional und sozial.

4. Welche Eigenschaften und Charaktermerkmale erwarte ich von meinem zukünftigen Partner?

5. Welche Rolle spielen Zärtlichkeiten und körperliche Anziehung in unserer Beziehung?
   ___ *eine zu große* ___ *gesundes Mittelmaß* ___ *überhaupt keine*

6. Habe ich wirklich realistische Vorstellungen von unserer Beziehung? Wie sieht mein Partner diese Beziehung? Welche Rolle spielt sie für mich?

7. Habe ich mich bei meiner Partnersuche schon sehr bald nur auf einen einzigen Freund oder nur eine Freundin konzentriert? (Wenn das der Fall ist – wie kommt das? Warum glaube ich so fest daran, daß ich schon den richtigen Partner gefunden habe?)

8. Welche Schwächen (schon vorhandene oder sich abzeichnende) hat mein Freund/meine Freundin? Haben wir schon offen darüber gesprochen? Sind positive Veränderungen zu beobachten?

9. Verleiten mich meine Gefühle dazu, eine Beziehung einzugehen, die, einmal nüchtern betrachtet, keine Zukunft hat?

10. Wollen wir einfach nur mit dem Kopf durch die Wand? Und gibt es überhaupt Gemeinsamkeiten in geistlichen Fragen?

2. Partnerwahl – in biblischer Zeit und heute

Wir wollen uns nun die Frage stellen: „Erfahren wir in der Bibel etwas darüber, wie damals die jungen Männer und jungen Frauen einander begegneten? Was ist uns davon überliefert?“ So mancher wird sich an die Geschichte von Ruth und Boas erinnern. Es ist in der Tat eine sehr anrührende Liebesgeschichte. Es gibt aber eine nicht ganz so bekannte Erzählung, die mehr darüber aussagt, wie Gott auch schon damals dafür gesorgt hat, daß ein bestimmter Mann einer ganz bestimmten Frau begegnete. Es ist die Geschichte von Isaak und Rebekka, die in 1. Mose 24 steht. Das ganze Kapitel befaßt sich mit der Frage: „Wie findet ein Mann seine Frau?“ oder: „Wie findet eine Frau ihren Mann?“ 67 Verse geben detailliert Auskunft darüber, wie das geschehen kann. Und es gibt viele, die dieses Kapitel noch nie richtig gelesen haben.

Ich möchte vorschlagen, daß Sie, bevor wir fortfahren, diesen faszinierenden Bericht erst einmal lesen. Denken Sie daran, daß wir es mit einer Kultur zu tun haben, die sich von unserer radikal unterscheidet. Doch es gelten immer noch dieselben Prinzipien. So war es z. B. Abrahams Knecht, der sich auf die Reise machte, um für Isaak die Frau zu suchen, während Isaak selbst zu Hause blieb. Wir würden heute sicher lieber selber reisen. Trotzdem gelten die Prinzipien, nach denen schon damals gehandelt wurde, unabhängig von der jeweiligen Kultur.

Für diejenigen, die gerade keine Bibel zur Hand haben, drucken wir hier den ganzen Bericht aus 1. Mose 24,1-67 ab:

> Und Abraham war alt, hochbetagt, und der HERR hatte Abraham in allem gesegnet. Da sagte Abraham zu seinem Knecht, dem Ältesten seines Hauses, der alles verwaltete, was er hatte:

Lege doch deine Hand unter meine Hüfte! Ich will dich schwören lassen bei dem HERRN, dem Gott des Himmels und dem Gott der Erde, daß du meinem Sohn nicht eine Frau von den Töchtern der Kanaaniter nimmst, in deren Mitte ich wohne. Sondern du sollst in mein Land und zu meiner Verwandtschaft gehen und dort eine Frau für meinen Sohn, für Isaak, nehmen! Der Knecht aber sagte zu ihm: Vielleicht wird die Frau mir nicht in dieses Land folgen wollen. Soll ich dann deinen Sohn in das Land zurückbringen, aus dem du ausgezogen bist? Da sagte Abraham zu ihm: Hüte dich wohl, meinen Sohn dorthin zurückzubringen! Der HERR, der Gott des Himmels, der mich aus dem Haus meines Vaters und aus dem Land meiner Verwandtschaft genommen und der zu mir geredet und der mir dies geschworen hat: Deinen Nachkommen will ich dieses Land geben–, der wird seinen Engel vor dir hersenden, daß du eine Frau für meinen Sohn von dort holen kannst. Wenn aber die Frau dir nicht folgen will, so bist du frei von diesem Schwur. Nur sollst du meinen Sohn nicht dorthin zurückbringen! Und der Knecht legte seine Hand unter die Hüfte Abrahams, seines Herrn, und schwor ihm in Hinsicht auf dieses Wort.

Dann nahm der Knecht zehn Kamele von den Kamelen seines Herrn und zog hin und nahm allerlei Gut seines Herrn mit sich. Und er machte sich auf und zog nach Aram-Naharaim, zu der Stadt Nahors. Und er ließ die Kamele niederknien draußen vor der Stadt am Wasserbrunnen um die Abendzeit, zur Zeit, da die Schöpferinnen herauskommen. Und er sagte: HERR, Gott meines Herrn Abraham, laß es mir doch heute begegnen, und erweise Gnade an meinem Herrn Abraham! Siehe, ich stehe an der Wasserquelle, und die Töchter der Leute der Stadt kommen heraus, um Wasser zu schöpfen. Möge es nun geschehen: Das Mädchen, zu dem ich sagen werde: ‚Neige doch deinen Krug, daß ich trinke!' und das dann sagt: ‚Trinke! Und auch deine Kamele will ich tränken', das soll es sein, das du für deinen Knecht Isaak bestimmt hast! Und daran werde ich erkennen, daß du an meinem Herrn Gnade erwiesen hast. Und es geschah – er hatte noch nicht ausgeredet – und siehe, da kam Rebekka heraus, die dem Betuel geboren war, dem Sohn der Milka, der Frau Nahors, des Bruders Abrahams; sie trug ihren Krug auf ihrer Schulter. Und das Mädchen war sehr schön von Aussehen, eine Jungfrau, und kein Mann hatte sie erkannt. Sie stieg zur

Quelle hinab, füllte ihren Krug und stieg wieder herauf. Da lief ihr der Knecht entgegen und sagte: Laß mich doch ein wenig Wasser aus deinem Krug schlürfen! Und sie sagte: Trinke, mein Herr! Und eilends ließ sie ihren Krug auf ihre Hand herunter und gab ihm zu trinken. Und als sie ihm genug zu trinken gegeben hatte, sagte sie: Auch für deine Kamele will ich schöpfen, bis sie genug getrunken haben. Und sie eilte und goß ihren Krug aus in die Tränkrinne, lief noch einmal zum Brunnen, um zu schöpfen, und schöpfte so für alle seine Kamele. Der Mann aber sah ihr zu, schweigend, um zu erkennen, ob der HERR seine Reise würde gelingen lassen oder nicht. Und es geschah, als die Kamele genug getrunken hatten, da nahm der Mann einen goldenen Ring, ein halber Schekel sein Gewicht, und zwei Spangen für ihre Handgelenke, zehn Schekel Gold ihr Gewicht; und er sagte: Wessen Tochter bist du? Sage es mir doch! Gibt es im Haus deines Vaters Platz für uns zu übernachten? Da sagte sie zu ihm: Ich bin die Tochter Betuels, des Sohnes der Milka, den sie dem Nahor geboren hat. Und sie sagte weiter zu ihm: Sowohl Stroh als auch Futter ist bei uns in Menge, auch Platz zum Übernachten. Da verneigte sich der Mann und warf sich nieder vor dem HERRN und sprach: Gepriesen sei der HERR, der Gott meines Herrn Abraham, der seine Gnade und Treue gegenüber meinem Herrn nicht hat aufhören lassen! Mich hat der HERR den Weg zum Haus der Brüder meines Herrn geführt.

Das Mädchen aber lief und berichtete diese Dinge dem Haus ihrer Mutter. Nun hatte Rebekka einen Bruder, der hieß Laban. Und Laban lief zu dem Mann hinaus an die Quelle. Und es geschah, als er den Ring sah und die Spangen an den Handgelenken seiner Schwester und als er die Worte seiner Schwester Rebekka hörte, die sagte: ‚So hat der Mann zu mir geredet', da kam er zu dem Mann; und siehe, er stand noch bei den Kamelen an der Quelle. Und er sprach: Komm herein, du Gesegneter des HERRN! Warum stehst du draußen? Habe ich doch schon das Haus aufgeräumt, und auch für die Kamele ist Platz da. Da kam der Mann ins Haus; und man sattelte die Kamele ab und gab den Kamelen Stroh und Futter, ihm aber Wasser, um seine Füße zu waschen und die Füße der Männer, die bei ihm waren. Dann wurde ihm zu essen vorgesetzt. Er aber sagte: Ich will nicht essen, bis ich meine Worte geredet habe. Und er sagte: Rede! Da sagte er: Ich bin Abrahams Knecht. Der HERR hat meinen Herrn sehr gesegnet, so daß er groß geworden ist. Er hat ihm Schafe und Rinder gegeben, Silber und Gold, dazu Knechte und Mägde, Kamele und Esel. Und Sara, die Frau meines Herrn, hat meinem Herrn einen Sohn geboren, nachdem sie schon alt geworden war; dem hat er alles, was er hat, übergeben. Mein Herr aber hat mich schwören lassen und gesagt: Du sollst für meinen Sohn nicht eine Frau von den Töchtern der Kanaaniter nehmen, in deren Land ich wohne; sondern zu dem Haus meines Vaters und zu meiner Sippe sollst du gehen und dort für meinen Sohn eine Frau nehmen! Und ich sagte zu meinem Herrn: Vielleicht will die Frau mir nicht folgen. Da sagte er zu mir: Der HERR, vor dessen Angesicht ich gelebt habe, wird seinen Engel mit dir senden und wird deine Reise gelingen lassen, daß du für meinen Sohn eine Frau aus meiner Sippe und aus dem Haus meines Vaters nimmst. Dann bist du frei von dem Schwur: Wenn du zu meiner Sippe kommst und wenn sie sie dir nicht geben, dann bist du entlastet von dem Schwur. So kam ich heute zu der Quelle und sprach: HERR, Gott meines Herrn Abraham, wenn du doch Gelingen geben wolltest zu meinem Weg, auf dem ich gehe! Siehe, ich stehe bei der Wasserquelle. Möge es nun geschehen, daß das Mädchen, das herauskommt, um zu schöpfen, und zu dem ich sage: Gib mir doch ein wenig Wasser aus deinem Krug zu trinken! und das dann zu mir sagt: Trinke du, und auch für deine Kamele will ich schöpfen, daß dies die Frau sei, die der HERR für den Sohn meines Herrn bestimmt hat! Ich hatte in meinem Herzen noch nicht ausgeredet, siehe, da kam Rebekka heraus mit ihrem Krug auf ihrer Schulter; und sie stieg zur Quelle hinab und schöpfte. Da sagte ich zu ihr: Gib mir doch zu trinken! Und eilends ließ sie ihren Krug von ihrer Schulter herunter und sagte: Trinke, und auch deine Kamele will ich tränken. Da trank ich, und sie tränkte auch die Kamele. Und ich fragte sie und sprach: Wessen Tochter bist du? Und sie sagte: Die Tochter Betuels, des Sohnes Nahors, den Milka ihm geboren hat. Und ich legte den Ring an ihre Nase und die Spangen an ihre Handgelenke. Dann verneigte ich mich und warf mich vor dem HERRN nieder und dankte dem HERRN, dem Gott meines Herrn Abraham, der mich den rechten Weg geführt hatte, die Tochter des Bruders meines Herrn für seinen Sohn zu nehmen. Und nun, wenn ihr Gnade

und Treue an meinem Herrn erweisen wollt, so teilt es mir mit; und wenn nicht, so teilt es mir auch mit! Und ich werde mich zur Rechten oder zur Linken wenden.
Da antworteten Laban und Betuel und sagten: Vom HERRN ist die Sache ausgegangen; wir können dir nichts sagen, weder Böses noch Gutes. Siehe, Rebekka ist vor dir: Nimm sie und geh hin, daß sie die Frau des Sohnes deines Herrn werde, wie der HERR geredet hat! Und es geschah, als Abrahams Knecht ihre Worte hörte, da warf er sich zur Erde nieder vor dem HERRN. Und der Knecht holte silbernes Geschmeide und goldenes Geschmeide und Kleider hervor und gab sie der Rebekka; und Kostbarkeiten gab er ihrem Bruder und ihrer Mutter. Dann aßen und tranken sie, er und die Männer, die bei ihm waren, und übernachteten. Aber am Morgen standen sie auf, und er sagte: Entlaßt mich zu meinem Herrn! Da sagten ihr Bruder und ihre Mutter: Laß das Mädchen noch einige Tage oder zehn bei uns bleiben, danach magst du gehen. Er aber sagte zu ihnen: Haltet mich nicht auf, da der HERR meine Reise hat gelingen lassen; entlaßt mich, daß ich zu meinem Herrn ziehe! Da sagten sie: Laßt uns das Mädchen rufen und ihren Mund befragen. Und sie riefen Rebekka und sagten zu ihr: Willst du mit diesem Mann gehen? Sie sagte: Ich will gehen. So entließen sie ihre Schwester Rebekka mit ihrer Amme und den Knecht Abrahams und seine Männer. Und sie segneten Rebekka und sprachen zu ihr: Du, unsere Schwester, werde zu tausendmal Zehntausenden, und deine Nachkommen mögen das Tor ihrer Hasser in Besitz nehmen!

Und Rebekka machte sich mit ihren Mädchen auf, und sie bestiegen die Kamele und folgten dem Mann. Und der Knecht nahm Rebekka und zog hin. Isaak aber war von einem Gang zum Brunnen Lachai-Roi gekommen; er wohnte nämlich im Land des Südens. Und Isaak aber war hinausgegangen, um auf dem Feld zu sinnen beim Anbruch des Abends. Und er erhob seine Augen und sah, und siehe, Kamele kamen. Und auch Rebekka erhob ihre Augen und sah Isaak. Da glitt sie vom Kamel und sagte zu dem Knecht: Wer ist dieser Mann, der uns da auf dem Feld entgegenkommt? Und der Knecht sagte: Das ist mein Herr. Da nahm sie den Schleier und verhüllte sich. Der Knecht aber erzählte Isaak all die Dinge, die er ausgerichtet hatte. Dann führte Isaak sie in das Zelt seiner Mutter Sara; und er nahm Rebekka, und sie wurde seine Frau, und er gewann sie lieb. Und Isaak tröstete sich nach dem Tod seiner Mutter.

Man sollte es vielleicht nicht meinen, aber bei genauerem Hinsehen werden wir feststellen, wie viele praktische Ratschläge diese Geschichte für Menschen auf Partnersuche hat. Zunächst wollen wir uns mit den allgemeineren Leitlinien beschäftigen, die diese Geschichte uns vermittelt. Später werden wir uns mit den spezifischen Rollen beschäftigen, die dem jungen Mann und der jungen Frau bei der „Operation Eheschließung" zugedacht sind.

Leitfaden für Verlobte

Wir werden die gefundenen Prinzipien in der Reihenfolge ansprechen, wie sie in unserer Geschichte vorkommen. Es soll damit allerdings nicht eine Rangordnung zum Ausdruck kommen. Das erste Prinzip, das man entdecken kann, nenne ich das Prinzip der größten Übereinstimmung.

Das Prinzip der größten Übereinstimmung

Je mehr Gemeinsamkeiten es gibt, desto solider das Fundament einer Ehe. Abraham sprach zu seinem Knecht: „... daß du meinem Sohn nicht eine Frau von den Töchtern der Kanaaniter nimmst, in deren Mitte ich wohne. Sondern du sollst in mein Land und zu meiner Verwandtschaft gehen und dort eine Frau für meinen Sohn, für Isaak, nehmen!" (3-4).

Was war Abrahams große Sorge? Ihm ging es allein um das Wohlergehen seines Sohnes. Er wollte, daß Isaak die besten Voraussetzungen für eine glückliche Ehe bekommt. Und ihm war klar geworden, wie wichtig eine gemeinsame Basis ist. Die Kultur, Religion, Sprache und Moral der Kanaaniter unterschieden sich erheblich von der Lebensweise Abrahams und seiner Verwandtschaft. Die Kluft war zu tief, als daß sie hätte überbrückt werden können. Die Kultur der Kanaaniter war schon derart degeneriert, daß Gott später dieses Krebsgeschwür wie ein Chirurg entfernen mußte. Abraham hatte erkannt, daß die Einheit in der Ehe nicht hergestellt werden kann, sofern es nicht gelingt, ein gemeinsames Fundament zu errichten.

Was lehrt uns das heute? Es heißt im Grunde, daß wir unsere Beziehung daraufhin abklopfen müssen, ob wir wirklich ein ausreichend solides Fundament für eine Ehegemeinschaft haben. Wenn wir die intellektuellen, sozialen, geistlichen und körperlichen Aspekte unserer Beziehung durchleuchten – gibt es da genügend Gemeinsamkeiten als Basis? Ich meine damit nicht, daß wir mehr oder weniger identische Persönlichkeiten haben müssen, aber wir sollten doch so dicht nebeneinander gehen, daß wir uns bei den Händen fassen können.

Ein junger Mann schreibt an seiner Doktorarbeit und ist unsterblich in ein süßes, junges Mädchen verliebt. Drei Wochen nach der Hochzeit bekommt er heraus, daß sie Analphabetin ist. Wenn auf intellektuellem Gebiet die Unterschiede so gewaltig sind, wie groß ist dann die Chance, eine Ehe zu führen, die beide befriedigt?

Sie ist eine Christin, die voller Hingabe für ihren Herrn Jesus Christus lebt. Er ist ein typischer „Kirchenchrist", der sonntags zum Gottesdienst geht, aber sonst kaum geistlich interessiert ist. Werden sie ihren Lebensweg wirklich gemeinsam gehen können?

An dieser Stelle fragen mich meine Studenten oft, was ich von Ehen zwischen verschiedenen Rassen halte. Das muß jeder, der betroffen ist, letztlich für sich selber entscheiden. Ich meine, daß man unseren Bibelabschnitt nicht als dogmatische Aussage gegen Ehen zwischen Rassen ins Feld führen kann. In diesem Text geht es auch gar nicht um Rassenunterschiede, sondern um das Fehlen einer gemeinsamen Tradition. Die rassischen (also physischen) Unterschiede waren zwischen den Kanaanitern und den Einwohnern von Ur (Abrahams Heimat) gar nicht so groß. Doch die Kulturen hatten sich völlig anders entwickelt – die Religion, die Sprache, die gesellschaftlichen Konventionen und das Wertesystem. Und das sind die Bereiche, die uns auch heute noch bei der Partnerwahl interessieren sollten. Ich persönlich bin der Meinung, daß man zu einer Ehe zwischen den Rassen nicht raten sollte. Ich denke, daß die kulturellen Unterschiede einfach zu groß sind. Aber ich will auch gleich hinzufügen, daß jeder Christ hier seine ganz persönliche Entscheidung treffen muß.

Wir müssen auf jeden Fall sicher sein, daß wir nicht versuchen, eine Brücke über eine unüberbrückbare Kluft zu schlagen. Es ist der „Wille Gottes", den die jungen Christen letztlich suchen müssen.

Ich möchte mich noch eingehender mit diesem Prinzip beschäftigen, allerdings werden wir das erst tun, wenn wir über den Zweck der Ehe reden. Im Augenblick soll nur darauf hingewiesen werden, daß wir bei der Partnerwahl alle intellektuellen, sozialen, körperlichen und geistlichen Aspekte berücksichtigen sollten. Eine Ehe kann nicht auf nur einen dieser Bereiche aufgebaut werden. Gemeinsamkeiten in nur einem Bereich reichen nicht aus, um eine glückliche Ehe sicherzustellen. Allerdings wächst die Wahrscheinlichkeit mit jedem Schritt der Annäherung.

Das Prinzip des göttlichen Eingreifens

Denken Sie immer daran: Bei der Suche nach einem Partner sind Sie nicht allein! Auch ob Sie einen finden, bleibt nicht dem Zufall überlassen. Abraham sagte: „... der wird seinen Engel vor dir hersenden, daß du eine Frau für meinen Sohn von dort holen kannst." Glauben Sie etwa, daß Gott Unterschiede macht und sich intensiver um Isaak gekümmert hat als um Sie? Bei Ihm gibt es kein Ansehen der Person. Und so arbeiten Gottes verschwiegene Boten auch für Sie.

Ich weiß, daß sich einige von Ihnen wünschen, Gottes Boten würden sich endlich aufraffen, für Sie aktiv zu werden. Aber ich möchte Sie doch daran erinnern, daß Gott von seinen Mitarbeitern keine Überstunden verlangt. Alles verläuft nach Plan. Vielleicht sind Sie ja viel zu sehr damit beschäftigt, den Richtigen zu finden, statt alles zu tun, um für jemand anders der oder die Richtige zu sein.

Es ist natürlich nicht Gottes Absicht, daß jeder Gläubige heiratet. Was für einen Verlust hätte es für die Welt bedeutet, wenn all die unverheirateten Glaubensmänner und –frauen nicht Teil der Geschichte gewesen wären, die im Laufe der Jahrhunderte ihr Leben bewußt ganz in den Dienst Gottes stellten? Ich bin deshalb fest davon überzeugt, daß die Ehe keine höhere Berufung ist als das Leben allein. Glücklich der Mensch – verheiratet oder alleinstehend –, dem aufgegangen ist, daß nicht die Ehe das höchste Gut ist, sondern die persönliche Beziehung zu Gott.

Die Ehe ist insofern Norm, als Gott sie zur Lebensform für die meisten seiner Kinder vorgesehen hat. Von Anfang bis Ende spricht die Bibel von Ehe und Familie. So können Sie davon ausgehen, daß Gott auch für Sie die Ehe geplant hat, es sei denn, Sie erfahren ausdrücklich etwas anderes.

Gott hat nicht nur für die meisten von uns die Ehe vorgesehen. Er ist auch aktiv an deren Anbahnung beteiligt. Wenn tatsächlich ein Engel Abrahams Knecht vorauseilte (und der Rest der Geschichte läßt eigentlich keinen Zweifel daran), dann können auch wir mit übernatürlicher Hilfe rechnen. Das sollte gerade die schüchternen und verunsicherten Seelen ermutigen, die immer glauben, ohne Ellenbogeneinsatz sowieso nicht mithalten zu können. Die Partnerwahl ist nicht nur Sache der Menschen. Gott ist aktiv beteiligt, und er will uns den Weg weisen.

Das Prinzip des göttlichen Eingreifens setzt allerdings auch unsere Mitarbeit voraus, und die besteht zuallererst darin, daß wir beten, beten und noch einmal beten! Ich habe dieses Wort absichtlich dreimal wiederholt, denn in dem Abschnitt, den wir gelesen haben, betete der Knecht Abrahams dreimal. Zumindest sind diese drei Gebete belegt. Vielleicht hat er sogar noch öfter mit dem Herrn geredet. Es ist aber schon bemerkenswert, daß wir in diesem kurzen Bericht von immerhin drei Gebeten erfahren. Zum ersten Mal betete er, bevor er die junge Frau traf (12-15). Dann betete er, als sich ein gewisser Fortschritt abzeichnete (26-27). Und schließlich neigte er sich zum Lobpreis, nachdem ihre Eltern zugestimmt hatten.

Beten also auch Sie, bevor Sie sich nach einem Partner umschauen. Beten Sie, wenn Sie einen kennenlernen, und beten Sie, wenn Sie sich verloben. Partnersuche ist ein Abenteuer. Und da brauchen wir stetige Gemeinschaft mit Gott. Es ist kein Unternehmen, das wir allein und ohne Gott in Angriff nehmen sollten. Viele Paare erweisen sich einen Bärendienst, wenn sie Gott aus diesem Bereich ihres Lebens ausschließen. Warum sollten Sie auf eigene Faust handeln, wenn Ihnen der Himmel mit Rat und Tat zur Seite stehen will?

Das Prinzip der körperlichen Anziehung

Die Person, die Sie heiraten, sollte zumindest in Ihren Augen auch äußerlich anziehend sein. Im Text heißt es über Rebekka: „Und das Mädchen war sehr schön von Aussehen“ (16). Ich möchte hier nicht dem Körperkult unserer Tage das Wort reden, bei dem nur noch die Schönheit angebetet wird. Ich meine nicht, daß Sie nur eine Schönheitskönigin oder einen Adonis heiraten müssen. Doch sollten Sie Ihren zukünftigen Partner gern anschauen.

Aber machen Sie keine Schmeichelei daraus. Es ist nicht nötig, ständig zu behaupten, Ihre Partnerin sei die schönste Frau, die Sie je gesehen haben, oder noch nie seien Sie einem so gutaussehenden Mann begegnet. Die meisten haben ein Gespür dafür, daß das nicht stimmt. Aber Sie sollten durchaus das Gefühl haben, daß der andere jemand ist, den Sie in den nächsten vierzig Jahren immer wieder gern anschauen.

Schönheit ist selbstverständlich viel mehr als nur die äußere Erscheinung. So manch einer, der uns zunächst gar nicht so attraktiv erscheint, bekommt plötzlich Ausstrahlung, wenn wir ihn näher kennenlernen. Charakterstärke, Gesinnung, Liebe und andere Persönlichkeitsmerkmale sind durchaus in der Lage, auch dem Unscheinbarsten Ausstrahlung zu verleihen.

Wenn ich also sage, Ihr Lebensgefährte sollte schön sein, dann meine ich damit die ganze Person.

Das Prinzip der Unberührtheit vor der Ehe

In der Geschichte von Isaak und Rebekka werden auch ein paar ganz persönliche Details erwähnt. Da heißt es: „Das Mädchen war sehr schön von Aussehen ...“ Worauf der Verfasser noch hinzufügt: „[Sie war noch] eine Jungfrau.“ Und um niemand im Zweifel darüber zu lassen, was das bedeutet, erklärt er: „Kein Mann hatte sie erkannt“ (16).

Eins ist ganz sicher: Nach Gottes Absicht sollen Männer und Frauen in die Ehe gehen, ohne vorher sexuell miteinander verkehrt zu haben. Gott hat uns dieses Gebot nicht gegeben, um uns etwas vorzuenthalten, sondern um uns zu schützen. Er will uns keine unnötigen Steine in den Weg legen, sondern uns den Weg zum Glück ebnen. Vom Anfang bis zum Ende weicht die Bibel an keiner Stelle von diesem Prinzip ab. Wenn Sie Zweifel haben, dann machen Sie die Probe aufs Exempel. Nehmen Sie eine Konkordanz zur Hand und suchen Sie sich einmal alle Abschnitte heraus, in denen das Wort „Unzucht“ vorkommt. Das ist das biblische Wort, das am häufigsten für den außerehelichen Geschlechtsverkehr gebraucht wird. Er wird sowohl im Alten also auch im Neuen Testament verurteilt. Gottes Ideal ist die Unberührtheit vor der Ehe.

Es wäre naiv zu glauben, dieses Ideal würde noch heute von den meisten jungen Leuten akzeptiert werden. Für sie ist Enthaltsamkeit keine Alternative mehr. Was aber sollten sie tun? Meine Antwort lautet wie bei allen anderen Übertretungen: Umkehr und Glaube an Jesus Christus.

Lassen Sie es nicht zu, daß vergangene Fehler Sie dazu veranlassen, sich geschlagen zu geben. Eine Schlacht zu verlieren heißt noch lange nicht, auch gleich den Krieg verloren zu haben. Es gibt kein Zurück, und wir können Vergangenes nicht ungeschehen machen. Aber wir können jederzeit den Kurs neu bestimmen. Entschuldigen Sie gegenwärtiges Fehlverhalten niemals mit vergangenen Übertretungen. Bekennen Sie Ihre Fehler, und nehmen Sie Gottes Vergebung an (1. Johannes 1,19).

Wenn Sie das tun, können Sie allerdings nicht in jedem Fall damit rechnen, daß es möglich ist, die Folgen Ihres verkehrten Handelns ungeschehen zu machen. Gott vergibt zwar, aber die natürlichen Folgen der Sünde sind nicht immer aus der Welt zu schaffen. Ein Mann, der sich betrinkt und mit seinem Auto gegen einen Strommasten rast, hat vielleicht Gottes Vergebung, bevor er noch im Krankenhaus ankommt. Aber sein Arm bleibt gebrochen, und das Auto ist auch unwiederbringlich demoliert. So ist das auch bei unseren moralischen Verfehlungen: Trotz des Bekenntnisses lassen sich die Narben nicht vollständig verwischen. Was sollen wir angesichts solcher Narben aber tun?

Ich meine, hier gibt es nur eine biblische Grundregel: „Laßt uns aber die Wahrheit bekennen in Liebe" (s. Epheser 4,15.25). Wenn wir in der Vergangenheit versagt haben und nun unter der Herrschaft Gottes eine optimale Ehe führen wollen, dann müssen wir unserem zukünftigen Partner gegenüber ehrlich sein. Verschweigen Sie nichts, was in der Vergangenheit vorgefallen ist. In der Ehe darf es keine finsteren Winkel geben, in denen Leichname versteckt sind. Wenn Sie alles bekannt haben, hat Gott auch vergeben. Vertrauen Sie nun auch Ihrem Partner, daß er Verständnis hat und Sie so nimmt, wie Sie sind. Wenn allerdings eine solche liebevolle Annahme nicht stattfindet, dann ist es nicht ratsam, gerade diesen Partner zu heiraten. Beim Eintritt in die Ehe sollte man auf jeden Fall mit offenen Karten spielen.

Aber Sie müssen nicht nur Ihren zukünftigen Partner mit seiner Vergangenheit annehmen, sondern auch sich selbst. Auch Sie müssen Ihre eigene Vergangenheit bewältigt haben. Wenn Sie z. B. ein zwiespältiges Verhältnis zur Sexualität aufgrund bestimmter Erlebnisse haben, dann sollten Sie dieses Problem nicht unter den Teppich kehren und so tun, als existiere es überhaupt nicht. Sehen Sie den Tatsachen ins Auge und verarbeiten Sie die Vergangenheit.

Man beginnt die Aufarbeitung negativer Erfahrungen in der Sexualität am besten damit, daß man sehr gründlich in der Schrift nachforscht, was sie zu diesem Thema zu sagen hat. Und da wird man unweigerlich zu der Erkenntnis gelangen, daß die Bibel die körperliche Liebe innerhalb der Ehe ganz positiv sieht. Sie dient dem Wohlbefinden, macht Spaß und ist von Gott erdacht. Wem das klar wird, der kann sich leichter von einer negativen Einstellung befreien. Danken Sie Gott für diese Erkenntnis, und bitten Sie ihn, Ihre Gefühle so zu beeinflussen, daß sie mit der Realität übereinstimmen.

Die Folgen der Sünde lassen sich zwar nicht ungeschehen machen. Wer sündigt, ist niemals hinterher besser dran. Aber uns ist umfassende Heilung zugesagt. Das ist die großartige Botschaft von der Gnade Gottes. Es ist kein unabwendbares Schicksal, in der Ehe zu scheitern, weil wir in der Vergangenheit gesündigt haben. Es wird zunächst Behinderungen auf Ihrem Weg geben, die nicht vorhanden wären, hätten Sie schon früher nach Gottes Ideal gelebt. Aber der Heilige Geist ist nun zur Stelle, um Ihnen in Ihrer Schwachheit beizustehen und all Ihre Möglichkeiten zur Entfaltung zu bringen.

Menschen, die nicht an Jesus Christus glauben, können diesen Beistand nicht in Anspruch nehmen. Deshalb haben voreheliche sexuelle Erfahrungen für sie auch meist langfristig schlimme Folgen. Im Gegensatz zur weitverbreiteten Meinung belegen einschlägige Forschungsergebnisse durchaus, daß Personen mit wechselnden Sexualpartnern vor der Ehe viel eher zu Seitensprüngen neigen. Ein Zusammenleben vor der Ehe trägt also keineswegs zur ehelichen Treue bei, sondern schwächt sie sogar. Gott, der uns geschaffen hat, hat uns auch die Regeln zum Leben mit auf den Weg gegeben. Und wir tun uns selber keinen Gefallen, wenn wir sie nicht beachten.

Das Prinzip der elterlichen Einflußnahme

Die Eltern spielen eine ganz besondere Rolle in unserem Leben. Jemand hat einmal gesagt: „Durch unsere Eltern hat Gott uns viel guten Rat mit auf den Weg gegeben." Diese Aussage trifft sogar zu, wenn unsere Eltern keine Christen sind. Ohne sie wäre aus uns wohl kaum etwas geworden. Deshalb sollten wir ihren Rat auch nicht verschmähen, wenn es ans Heiraten geht. Wenn irgend möglich, sollten wir auf den Segen unserer Eltern nicht verzichten.

Es ist interessant, daß sich von den 67 Versen, die von der Eheanbahnung zwischen Isaak und Rebekka erzählen, über die Hälfte mit dem Verhältnis zu den Eltern befassen (1-9.28-60). Abraham gab seinem Knecht Verhaltensmaßregeln mit auf den Weg; und Rebekkas Eltern wurden ausführlich informiert und nach ihrem Willen bezüglich der Hochzeit ihrer Tochter mit Isaak befragt.

Mir ist durchaus bewußt, daß sich das kulturelle Umfeld von damals radikal von den Bedingungen heute unterscheidet. Die Eltern hatten viel mehr zu bestimmen als heute in unserer westlichen Gesellschaft. Doch auch wenn wir diese kulturellen Unterschiede als Gegebenheit hinnehmen, so bleibt doch eins unbestreitbar: Die Bibel legt großen Wert darauf, daß die Beziehungen zu den Eltern so heil wie möglich sind.

Natürlich verlassen wir mit der Eheschließung unsere Eltern und wenden uns dem Partner zu. Wir werden darauf später noch näher eingehen. Doch diese Abkehr wird niemals vollständig sein. Das fünfte Kapitel vom ersten Timotheusbrief macht deutlich, daß wir ein Leben lang den Eltern gegenüber Verantwortung tragen.

Welche praktische Bedeutung hat das für das junge Paar, das im Begriff ist zu heiraten? Es bedeutet, daß solche Pläne ausführlich mit den Eltern besprochen werden sollten. Nachdem Rebekka Abrahams Knecht am Brunnen getroffen hatte, ging sie geradewegs zu ihren Eltern, um ihnen zu erzählen, was ihr gerade begegnet war (28). Später informierte Abrahams Knecht ausführlich Rebekkas Eltern darüber, warum er glaubte, sie sei die Richtige für Isaak. Er versicherte ihnen, daß Isaak in der Lage sein werde, für ihre Tochter zu sorgen. Und er erzählte von Isaaks innigem Verhältnis zu Gott. Nachdem er dies alles berichtet hatte, wartete er auf die positive Antwort der Eltern – als weitere Bestätigung dafür, daß das alles im Willen Gottes geschah (46).

Wenn irgend möglich, sollten die jungen Leute den Segen von beiden Elternpaaren bekommen. Ich will damit nicht sagen, daß ein Paar niemals heiraten sollte, wenn Eltern nicht einverstanden sind. Doch wenn Einwände vorgebracht werden, sollten die jungen Leute zumindest eine Zeitlang warten und Gott die Zeit geben, Einstellungen zu verändern.

Die Eltern sollten wissen, daß wir ihre Meinung respektieren und ihren Segen haben wollen. Sie sollten also niemals das Gefühl haben, daß ihre Meinung nicht gefragt ist. Das Leben ist viel zu kurz und wertvoll, als daß wir es auf konfliktgeladene Beziehungen bauen sollten. Wir brauchen die emotionale Stabilität, die wir nur durch ein positives Verhältnis zu unseren Eltern und Schwiegereltern bekommen.

Wenn nun aber die Eltern tatsächlich Einwände erheben, wie lange sollte man dann auf ihre Zustimmung warten? Dies ist eine Frage, die aus Konflikten heraus geboren wird, und deshalb verdient sie eine durchdachte Antwort. Leider kann ich keinen allgemeingültigen Rat geben. Ich könnte sagen: Warten Sie, bis Sie 23 sind. Aber die Zahl wäre mehr oder weniger aus der Luft gegriffen. Nur Sie allein können diese Frage letztlich beantworten. Aber die meisten, die gegen den Willen ihrer Eltern geheiratet haben, wären froh, wenn sie ein paar Jahre gewartet und damit einem positiven Ausgang wenigstens eine Chance gegeben hätten. Könnte es nicht sein, daß Gott die Einwände der Eltern dazu gebraucht, unseren Überschwang zu bremsen?

Das Prinzip des rechten Augenblicks

In unserer Geschichte werden zwei gleich wichtige Grundregeln genannt, bei denen es darum geht, den rechten Augenblick zu erfassen. Die erste lautet: „Lauf nicht los, bevor der Startschuß fällt." Wie sehr neigen wir doch zu solchen Fehlstarts, weil wir zu ungeduldig sind. Abrahams Knecht betete zu Gott, als er am Brunnen anlangte, daß die von Gott Erwählte nicht nur ihm etwas zu trinken anbieten, sondern auch für seine Kamele Wasser schöpfen sollte. Als dann Rebekka herauskam, reagierte sie sehr freundlich. Und als sie dann auch noch sagte: „Auch für deine Kamele will ich schöpfen", da war die Freude groß (19).

Genau darum hatte er doch gebeten. Und Gott hatte sein Gebet erhört.

Das also mußte die Richtige sein! Nun schnell die Verlobung verkündet! Sagt es allen weiter: „Ich habe die Richtige gefunden!“ So hätten die meisten von uns wohl reagiert.

Doch der Knecht Abrahams verhielt sich ganz anders. Er „sah ihr zu, schweigend, um zu erkennen, ob der HERR seine Reise würde gelingen lassen oder nicht“ (21). Hatte Gott sein Gebet nicht schon erhört? Es schien zumindest so. Aber eine so einfache Probe reicht nicht aus, um wirklich sicher zu sein, daß man die Absichten Gottes verstanden hat.

„Herr, wenn es der Richtige ist, dann mach doch, daß er mich Weihnachten zu sich nach Hause einlädt.“ So kann man es machen. Aber das reicht noch nicht. Ich bin kein Gegner solcher Gebete, aber wir dürfen ihre Bedeutung nicht überbewerten. Ich kenne Paare, die haben geheiratet, weil solch ein Gebet offenkundig in Erfüllung gegangen war, während alle anderen Umstände dagegen sprachen.

Abrahams Knecht verursachte keinen Fehlstart, indem er zu früh loslief. Er wartete ab, um sicher zu sein, daß das alles wirklich von Gott war. Ein einziger Fingerzeig reichte ihm noch nicht. Er wartete auf noch eindeutigere Zeichen. War Rebekka überhaupt interessiert, und waren ihre Eltern einverstanden? Die folgenden 27 Verse geben die Gespräche mit Vater, Mutter und Brüdern wieder. Man redete über Geschenke, Finanzen, Lebensbedingungen und geistliche Dinge. Doch nach all dem ist der Knecht immer noch nicht festgelegt auf eine Richtung: „Und nun, wenn ihr Gnade und Treue an meinem Herrn erweisen wollt, so teilt es mir mit; und wenn nicht, so teilt es mir auch mit! Und ich werde mich zur Rechten oder zur Linken wenden“ (49). Es schien einer Heirat nichts mehr im Wege zu stehen, und doch wollte er noch ein weiteres Zeichen: den Segen der Eltern. Über dessen Bedeutung haben wir schon gesprochen.

Eine Offenheit für die Führung Gottes ist bei vielen Paaren leider viel zuwenig vorhanden. Wir sind von Natur aus immer geneigt, allzu spontan zu entscheiden. Weil uns gerade so danach ist, sollten wir nun auch schnell heiraten. Den entscheidenden Fragen wird kaum Beachtung geschenkt. Passen wir auch intellektuell, geistlich und kulturell zusammen? Kommen wir aus allzu verschiedenen gesellschaftlichen Schichten? Gottes Führung ist keineswegs prinzipiell ein Widerspruch zum gesunden Menschenverstand. Haben Sie Geduld! Reden Sie nicht gleich immer über jede Gefühlsregung. Reden Sie über die entscheidenden Themen. Und überprüfen Sie Ihr gemeinsames Fundament.

Neben der Bedachtsamkeit gibt es aber noch eine weitere Grundregel: Sobald die Ampel auf grün springt, sollten Sie nicht noch auf eine Vision warten! Ich gebe diesen Rat vor allem jenen notorischen Zauderern, die sich selbst beim Kaufmann lange nicht entscheiden können, welche Nußnougatcreme denn nun die etwas bessere ist. Ich spreche damit auch all jene an, die die Kunst des Aussitzens beherrschen. Die meisten von Ihnen brauchen sich dieses Prinzip nicht zu merken. Aber für einige ist es doch wichtig. Nachdem der Knecht eine positive Antwort von Rebekkas Eltern erhalten hatte und nun alle Ampeln auf grün gesprungen waren, wollte er sofort aufbrechen. Die Eltern bemühten sich zwar noch, ihn zu überreden, die Reise wenigstens für ein paar Tage zu unterbrechen. Er aber erwiderte: „Haltet mich nicht auf" (56). Laßt mich gehen. Die Hochzeitsglocken läuten schon.

Was will ich damit sagen? Wenn Sie eine Beziehung haben, in der Christus im Mittelpunkt steht und Sie auf Ihrem Weg offensichtlich „grüne Welle" haben, dann sollten Sie nicht mehr auf die göttliche Schrift an der Wand warten. Irgendwann müssen Sie eine Entscheidung treffen. Aber verstehen Sie mich nicht falsch. Sollten doch irgendwo noch rote Ampeln leuchten – Sie also noch Dinge sehen, die Sie nachdenklich stimmen –, dann dürfen Sie sie nicht ignorieren. Solche roten Ampeln sind immer Warnzeichen. Wir müssen uns mit dem Problem auseinandersetzen, bis die Ampel tatsächlich auf grün springt oder uns das rote Licht zum Umdenken zwingt. Wenn aber alle Ampeln grün zeigen, dann dürfen wir auf Gott vertrauen und uns auf den Weg machen.

Das Prinzip vom Vorrang des göttlichen Willens

Der Wille Gottes muß immer Vorrang haben vor jedem Gefühlsüberschwang der Liebe. Ich erwähnte schon, daß ich junge Paare bei der Verlobtenseelsorge frage, warum sie eigentlich heiraten wollen. Ich finde diese Frage ziemlich vernünftig. Doch die meisten meiner Gesprächspartner sind zunächst verblüfft, daß ich ihnen ausgerechnet diese Frage stelle. Doch wenn sie merken, daß ich es ernst meine, bekomme ich normalerweise zur Antwort: „Weil wir uns doch lieben!" Wenn das kein Grund zum Heiraten ist – so meint man. Sowohl Christen als auch Nichtchristen scheinen der Meinung zu sein, die Liebe sei schon ein ausreichendes Fundament für die Ehe. Wenn ich dann aber auf einer Definition bestehe, stelle ich doch gewisse Unterschiede zwischen Christen und Nichtchristen fest.

Wenn die Liebe tatsächlich das wichtigste Fundament der Ehe wäre, dann hätten Isaak und Rebekka niemals geheiratet. Sie haben sich vor der Hochzeit niemals gesehen. In der Bibel heißt es: „Und sie wurde seine

Frau, und er gewann sie lieb“ (67). Das war die Reihenfolge damals. Die Liebe stellte sich bei beiden erst nach der Hochzeit ein. Vor der Hochzeit gab es dafür gar keine Gelegenheit. Ich muß allerdings sagen, daß mir unser System schon besser gefällt. Bei uns kann sich die Liebe schon vor der Hochzeit entwickeln. Da es aber längst nicht überall anzutreffen ist, muß es etwas geben, was noch grundlegender für den Ehebund ist. Ich glaube, daß dieses Fundament der Wille Gottes ist – der Plan des Schöpfers.

Christen sollten heiraten, weil sie davon überzeugt sind, daß ihre Ehe das Werk Gottes ist, daß Gott in seiner unendlichen Weisheit das Paar zusammengebracht hat, damit die beiden ihren Lebensweg gemeinsam und zusammen mit ihm gehen. Es mag alles andere dafür sprechen, doch ohne diese innere Gewißheit fehlt aus biblischer Sicht die Basis für die Ehe. Alle anderen Steine im Fundament der Ehe sind austauschbar. Selbst die Liebe – wie immer wir sie auch definieren – kommt und geht. Nur der Wille Gottes ist ein solides Fundament.

Gott wird Ihnen bestimmt keine Ehe zugedacht haben, die zum Scheitern verurteilt ist. Wenn sie sich seiner Wahl anschließen, sind die Chancen groß, daß Sie eine erfüllte Ehe führen werden. Das heißt natürlich nicht, daß Gott Sie links liegen läßt, wenn Sie sich erst später im Leben an ihn wenden. Vielleicht kannten Sie ihn ja noch gar nicht, als Sie heirateten. Und so konnten Sie den Segen seiner Führung auch noch nicht in Anspruch nehmen. Gott ist immer bereit, uns dort abzuholen, wo wir gerade stehen, und uns von dort aus die Chance für ein erfülltes Leben zu geben. Es besteht also Hoffnung für jede Ehe, wenn die Beteiligten Gott um seine Führung bitten.

Wie aber bekommen wir den Willen Gottes heraus? Das ist im Grunde das Thema dieses ersten Teils in unserem Buch. Gottes Führung ist nicht etwas Irrationales, was dem gesunden Menschenverstand zuwiderläuft. Als Gott uns die Vernunft schenkte, hat er uns ein Instrument an die Hand gegeben, mit dem wir Zugang zu seiner Führung im Leben finden. Wenn wir also unsern Verstand im Glauben einsetzen und uns an seine Prinzipien für die Partnersuche halten, werden wir die innere Gewißheit verspüren, daß wir nach seinem Willen entscheiden. Und diese Gewißheit gibt uns die Kraft, auch in den Stürmen des Lebens zusammenzuhalten und immer mehr zusammenzuwachsen. „Wir haben im Augenblick ganz schön Probleme miteinander, aber Gott hat uns zusammengeführt, und deshalb wird es ganz gewiß auch eine Lösung geben.“ Das wird Ihnen Ihr Verstand sagen, wenn Sie in der Krise stecken, und Sie werden eine Antwort finden und gestärkt aus diesem Konflikt hervorgehen.

Ein paar Ratschläge

Für die jungen Männer:

Lassen Sie Geschenke sprechen. Die Zahl der Geschenke, die in unserer biblischen Geschichte erwähnt werden, ist schon erstaunlich hoch. Offenbar wußte Abrahams Knecht, wie bedeutsam Geschenke sind, denn er zog beladen mit ihnen los. Er wußte, daß er sie parat haben mußte, wenn ihm die Richtige begegnen würde. Das erste Geschenk überreichte er schon sehr bald nach den ersten Anzeichen dafür, daß das Mädchen Gottes Wahl war. Nachdem sein erstes Gebet erhört worden war, übergab er einen goldenen Ring und zwei Spangen (22). Später, als die Eltern ihr Einverständnis bekundet hatten, gab er Rebekka noch weitere Geschenke, und auch ihre Eltern bekamen etwas ab (53).

Mir ist durchaus bewußt, daß die Art der Geschenke und die Gelegenheiten, bei denen man sie übergibt, je nach Kultur sehr verschieden sind. Doch nachdem ich mich mit den unterschiedlichsten Kulturen eingehender beschäftigt habe, ist mir aufgefallen, daß es keine von ihnen gibt, in der das Schenken nicht zu den normalen Umgangsformen vor der Hochzeit gehört. Geschenke sind schließlich Ausdruck von Zuneigung und Wertschätzung.

Ich meine damit allerdings nicht, daß man nun wahllos jeden, der einem über den Weg läuft, mit Geschenken überhäufen sollte. Ein Angeber, der jedem Mädchen, mit dem er sich verabredet, teure Geschenke macht, wird eher belächelt als bewundert. Andererseits gibt es wohl kaum ein junges Mädchen, das ein Geschenk von einem geliebten Freund nicht schätzen würde, wenn es denn ein Zeichen echter Zuneigung ist. Ich meine, daß Geschenke nur denen zustehen, denen ich innerlich verbunden bin und bei denen ich Grund zu der Annahme habe, sie könnten der von Gott ausgewählte Partner sein.

Je näher sich zwei Menschen kommen, desto wichtiger werden Geschenke. So mancher junge Mann begeht hier einen groben Fehler. Nach Verlobung und Hochzeit ist es plötzlich selbstverständlich, daß die Partnerin da ist, und dann wird das Schenken vernachlässigt. Doch in Wahrheit ist es gerade umgekehrt. Je mehr zwei Menschen sich kennenlernen, desto mehr lieben sie sich und desto eher möchten sie einander beschenken. Und es müssen gar keine teuren Geschenke sein.

Die gute Absicht ist entscheidend. Doch das wiederum sollte kein Vorwand sein, immer nur das Billigste zu kaufen und Geld zu sparen. Es könnte nämlich sein, daß sich Ihre Geschenke als die wichtigsten Investitionen in Ihrem Leben herausstellen.

Suchen Sie dort, wo die Mädchen sind. Überlegen Sie einmal, was für eine kolossale Aufgabe dem Knecht Abrahams da aufgebürdet worden war: Begib dich in Abrahams Heimatland, und suche dort eine Frau für Isaak aus. Wo in aller Welt sollte er die Suche beginnen? Und das Problem, das Sie heute zu bewältigen haben, ist sogar noch unüberschaubarer. Durch die Bevölkerungsexplosion ist die Auswahl noch größer geworden. Wie findet man da die eine, die zu einem paßt?

Nun, wir entdecken in der Schrift ein ganz schlichtes Prinzip, das uns aber weiterhilft: Suchen Sie dort, wo die Mädchen sind! In der Schrift lesen wir über Abrahams Knecht: „Und er ließ die Kamele niederknien draußen vor der Stadt am Wasserbrunnen um die Abendzeit, zur Zeit, da die Schöpferinnen herauskommen" (11). Er fing dort mit der Suche an, wo sich die Mädchen jeden Abend trafen: am Brunnen des Dorfes. Heute spielt der Brunnen zwar nicht mehr diese Rolle, aber wir haben Büchereien, Sporthallen, Gemeinden, Hauskreise und viele andere Orte, an denen gläubige junge Mädchen und Frauen regelmäßig anzutreffen sind.

Ich will hier keine bestimmte Vorgehensweise vorschreiben. Ich meine auch nicht, daß der junge Mann nun jeden Abend durch seine Bücherei pirscht und wie ein Raubtier auf seine Beute lauert. Ich möchte aber anregen, daß wir uns die gesellschaftlichen Einrichtungen zunutze machen, die uns zur Verfügung stehen, um auf unkomplizierte Weise Kontakt zu den jungen Mädchen und Frauen zu bekommen. Gott wird höchstwahrscheinlich dieses Umfeld benutzen, um die von ihm geplanten Kontakte zu knüpfen. Warum wollen Sie es Gott denn so schwer machen, indem Sie Abend für Abend zu Hause sitzen und Shakespeare lesen? Gehen Sie dorthin, wo die Mädchen sind!

Ich weiß, daß von manchen auch die Auffassung vertreten wird, christliche junge Männer hätten sich gefälligst von den Mädchen fernzuhalten, um sich auf ihr geistliches Wachstum zu konzentrieren. Die Motive hierfür möchte ich nicht in Frage stellen, aber die Resultate. Eine gesunde Spiritualität kann sich nicht in einem Vakuum entwickeln. Da traut man jemand auf geistlichem Gebiet viel zu, doch wenn die Probleme des täglichen Lebens auf ihn einstürmen, fällt er auf die Nase. Ich bin davon überzeugt, daß das Wachstum im christlichen Glauben dort am gesündesten ist, wo zwischenmenschliche Kontakte zu Vertretern des anderen Geschlechts zur Normalität gehören.

Die Beziehung zu Gott sollte im Mittelpunkt stehen. Wenn man die Geschichte von Isaak und Rebekka liest, fällt einem sofort auf, daß Gott bei all den zu fällenden Entscheidungen im Mittelpunkt stand. Und auch Sie tun gut daran, dem Beispiel des Knechtes zu folgen, der den Glauben seines Herrn bekundete und immer wieder betete. Die Beziehung zu Gott ist der wichtigste Aspekt in Ihrem Leben. Deshalb können Sie es sich gar nicht leisten, Gott in der Kirche zu lassen und auf eigene Faust einen Partner fürs Leben zu suchen. Wenn Sie mit jemand den Abend verbringen, sollten Sie deshalb offen und ehrlich über Ihre Beziehung zu Gott reden.

Ich meine, daß Paare, die sich auf die Hochzeit vorbereiten, regelmäßig miteinander beten, die Bibel studieren, den Gottesdienst besuchen und über ihre persönlichen Ziele reden sollten. Erst dadurch läßt sich herausfinden, ob der Eckstein für die Ehe – die geistliche Übereinstimmung – das Gebäude auch zusammenhalten wird. Gemeinsam graben sie sich durch bis zum jeweiligen Fundament ihrer Spiritualität, und dann helfen sie einander, von dieser Ausgangsposition aus zu wachsen. Wenn es gelingt, schon vor der Ehe Christus in den Mittelpunkt zu stellen, dann kann man damit rechnen, daß er dort auch nach der Hochzeit bleibt.

Für die jungen Frauen

Sehen Sie Ihre täglichen Pflichten und Aufgaben als Chance. Wie oft wird Rebekka wohl zu jenem Brunnen gegangen sein? Sie wird sicher auch diesmal nicht mit der Erwartung losgezogen sein, dort ihren zukünftigen Ehemann zu treffen. Sie tat, was sie täglich tat – Wasser holen für die Familie. In ihrer Kultur gehörte das zu ihren Pflichten. Das war nichts Ungewöhnliches, sondern eine der täglich zu erledigenden Aufgaben.

Sind Ihnen solche Pflichten auch manchmal zuwider? Ist das Leben für Sie frustrierend und langweilig, weil das tägliche Einerlei Ihnen zu schaffen macht? Könnte es sein, daß Sie Gott durch Ihre Einstellung die Arbeit nicht gerade erleichtern? Denn mit einiger Wahrscheinlichkeit werden Sie Ihren zukünftigen Ehemann an einem völlig unromantischen Ort finden – in der Mensa, in der Bibliothek, im Hauskreis oder auf der Bibelschule.

Entscheidend ist die Einstellung, die wir auch scheinbar unbedeutenden Pflichten gegenüber haben. Paulus ermahnt uns, alles von Herzen für den Herrn und nicht für die Menschen zu tun (Kolosser 3,23). Wenn Sie diese Lebenseinstellung annehmen und Ihre täglichen Pflichten mit einbeziehen, dann haben Sie Ihren Teil dazu beigetragen, daß Gott seinen Plan in Ihrem Leben in die Tat umsetzen kann.

Aufgaben werden nicht zur Routine, wenn wir sie mit Gott tun. Alles im Leben sollen wir in der Gemeinschaft mit ihm erledigen. Es ist traurig, daß viele von uns einfach so in den Tag hinein leben, statt ihn bewußt mit Gott zu verbringen. Seine Gegenwart macht den Unterschied. Und er wünscht sich die Gemeinschaft mit uns, um seinen Plan in unserem Leben zu entfalten. Eines Tages, wenn wieder alles nach Pflicht und Routine aussieht, wird er, sofern Sie innerlich darauf vorbereitet sind, den Richtigen zu Ihrem Brunnen führen.

Seien Sie freundlich. Wenn wir alt genug sind, haben wir sie vielleicht noch in der Kindheit gelernt, aber als Erwachsene irgendwann abgelegt – die ach so altmodische Freundlichkeit. Wahre Freiheit bedeutet nicht, daß wir egozentrisch und verbissen immer nur unsere eigenen Belange vertreten. Freiheit ist, wenn wir uns von den Fesseln der Selbstsucht befreien und uns die Entscheidungsfreiheit nehmen, unser Leben auch zum Nutzen anderer Menschen einzusetzen. Es war im Prinzip keine große Sache, den Kamelen etwas Wasser zu geben. Heute würde man dem Gast vielleicht etwas zum Naschen anbieten oder ein nettes Kompliment machen. Es sind kleine Gesten, aber sie sind doch Ausdruck von Wohlwollen. Kann man denn eleganter sein Interesse bekunden?

Freundlichkeit ist eine Tugend, die man immer noch ein bißchen ausbauen kann. Sie ist der längste Arm der Liebe und findet überall Anklang. Mit Freundlichkeit macht man niemals einen schlechten Eindruck. Und so manches Mal war es eine kleine Freundlichkeit, durch die eine Frau den Funken gezündet hat, aus dem später ein Feuer entfacht wurde. Solange Sie leben, wird Freundlichkeit Ihre Partnerschaft zusammenhalten.

Teilen Sie die Freude mit Ihren Eltern. Als Rebekka die Zeichen richtig deutete und zu der Überzeugung gelangte, daß Gott in ihrem Leben handelte, wandte sie sich sofort an ihre Eltern. Die jungen Menschen vergessen es leider viel zu oft, ihre Eltern am eigenen Leben teilhaben zu lassen. Wenn Ihre Eltern also noch leben, dann ist ihnen Ihr Wohlergehen ein Herzensanliegen. Sie freuen sich, wenn Sie sich freuen, und weinen, wenn Sie weinen. Vielleicht möchten Sie sie ja nicht weinen sehen, aber ihre lachenden Gesichter sind sicher ein erfreulicher Anblick. Sie können das Leben Ihrer Eltern sehr bereichern, wenn Sie sie an Ihren Erfahrungen auf dem Weg zur Ehe teilhaben lassen.

Achtung!

Ich muß eins noch klarstellen, damit meine Ausführungen in diesem Kapitel nicht mißverstanden werden. Normalerweise sollte ein Christ nicht in die Welt hinausziehen, nur um sich einen Partner fürs Leben zu suchen. Solch eine „Reise" war für Isaak unter den besonderen geographischen und kulturellen Bedingungen unumgänglich. Den meisten von uns wird allerdings Gottes Wahl im Alltag begegnen.

Es ist oft wichtiger, daß wir darauf bedacht sind, der „richtige" Partner für jemand anders sein zu können, statt verkrampft „den Richtigen" für uns zu suchen. Wenn wir uns einfach nur bereithalten, ist es für Gott ein Leichtes, die Logistik für ein Zusammentreffen zu arrangieren.

Viele Christen werden leider immer wieder von Torschlußpanik befallen, so daß sie völlig unüberlegt und ohne sich geführt zu fühlen handeln. Werden Sie nicht hektisch. Gottes Zeitplan ist so unfehlbar wie er selbst.

Die Ehe ist nicht die Lösung all unserer Probleme. Gott aber ist es allemal! Je besser wir Gott kennenlernen, desto eher kann er uns in allen Lebensbereichen zur Seite stehen. Doch die letzte Entscheidung überläßt er immer uns. Das ist die Verantwortung, die er uns zutraut. Die Prinzipien, die wir in diesem Kapitel vorgestellt haben, sollen dazu beitragen, daß wir kluge Entscheidungen treffen.

Übungen und Fragen, die weiterhelfen

Für Verlobte und solche, die es werden wollen:

1. Wenn Sie verlobt sind oder sich bald verloben wollen, dann sollten Sie den „Leitfaden für Verlobte" noch einmal gemeinsam durchlesen und zu jedem der genannten Prinzipien ausführlich Ihre Gedanken austauschen. Nutzen Sie die Gelegenheit, um sich ganz offen und ehrlich zu äußern.

2. Wenn Sie danach immer noch fest entschlossen sind, Ihre Beziehung zu vertiefen, fangen Sie an, jede oder jede zweite Woche eine gemeinsame Bibelarbeit zu verabreden. Vielleicht finden Sie ja auf dem Buchmarkt etwas speziell für Verlobte. Arbeiten Sie zunächst getrennt. Dann sollten Sie sich zusammensetzen und über Ihre gewonnenen Erkenntnisse diskutieren.

3. Fangen Sie an, mindestens einmal in der Woche gemeinsam zu beten.

4. Sobald Ihnen irgendein Wort aus der Bibel ins Auge springt, sollten Sie die Stelle aufschreiben, um später darüber gemeinsam reden zu können.

5. Diejenigen, die gerade keinen festen Freund haben, sollten besonders aufmerksam die Abschnitte „Suchen Sie dort, wo die Mädchen sind“ und „Sehen Sie Ihre täglichen Pflichten und Aufgaben als Chance“ durchlesen. Was können Sie tun, um diese Prinzipien auch zur praktischen Anwendung in Ihrem Leben zu bringen?

Für Ehepaare:

1. Dieses Kapitel mag auf den ersten Blick keine praktische Bedeutung für Ihr Leben haben, weil Sie bereits einen Ehepartner gefunden haben. Zwei Reaktionen sind es, mit denen Sie bei der Lektüre wahrscheinlich konfrontiert wurden: Entweder Sie spürten eine große Dankbarkeit und Freude darüber, wie Gott Sie damals zusammengeführt hat, oder Sie waren tief traurig darüber, weil Ihnen bewußt wurde, wie wenig Sie über Gottes Handeln wußten, bevor Sie heirateten. Was haben Sie empfunden?

2. Die großartige Botschaft der Bibel lautet, daß Gott uns so annimmt, wie wir sind, uns dort abholt, wo wir gerade stehen, und uns dorthin führen will, wo wir uns optimal entfalten können. Sind Sie in Ihrer Ehe wirklich bereit, sich mit ihm auf den Weg dorthin zu machen?

3. Mit welcher Gefälligkeit oder kleinen Aufmerksamkeit wollen Sie Ihren Partner in dieser Woche überraschen? Was wollen Sie ihm schenken?

4. Lesen Sie Kolosser 3,23-24. Muß sich Ihre Einstellung den täglichen Pflichten gegenüber ändern? Sind Sie bereit, Gott deswegen um Hilfe zu bitten?

3. Wozu denn heiraten?

Bevor wir uns noch eingehender mit Ehefragen befassen, sollten wir einen Augenblick innehalten und uns eine wichtige Frage stellen: Wozu gibt es die Ehe überhaupt? Was ist ihr Zweck? Für diejenigen unter Ihnen, die es gewohnt sind, systematisch zu denken und zu handeln, wird dies der logische erste Schritt sein. Anderen, die eher zu vorgefaßten Meinungen neigen, wird diese Frage wahrscheinlich ziemlich überflüssig vorkommen. Das weiß doch jedes Kind – oder? Wenn Sie in Ihrem Freundeskreis diese Frage stellen und bitten, jeder möge für sich die Antworten aufschreiben, wie viele verschiedene Auffassungen werden Sie dann wohl bekommen? Ich gebe Ihnen hier einige der Antworten, die ich sowohl von Verheirateten als auch von Alleinstehenden bekommen habe:

- Sexualität
- Gemeinschaft
- Liebe
- Familienleben mit Kindern
- Ansehen in der Gesellschaft
- Wirtschaftliche Vorteile
- Sicherheit und Geborgenheit

„Kann man das alles nicht auch ohne Trauschein bekommen?" fragt der moderne Mensch. Es ist in der Tat so, daß die sozialen und wirtschaftlichen Vorteile heutzutage immer mehr in Zweifel gezogen werden. Die Gesellschaft hat uns bewiesen, daß sexuelle Beziehungen nicht nur im Rahmen der Ehe möglich sind. Wie aber steht es mit der Liebe, der Gemeinschaft und dem Familienleben? Kann man das nicht auch in gewissem Maß außerhalb der Ehe bekommen? Wozu sollte man dann noch heiraten?

Das sind die Überlegungen, die der moderne Mensch anstellt. Was aber sagt die Bibel dazu? Hat Gott eine Antwort auf diese Fragen? Welchen Zweck der Ehe nennt die Schrift?

Das biblische Bild von der Ehe sieht folgendermaßen aus: Zwei Menschen verquicken ihr Schicksal so umfassend, daß etwas ganz Neues entsteht. Das wiederum bedeutet höchstes Glück für die beiden beteiligten Personen und erfüllt Gottes Pläne. Das Herz des Menschen sehnt sich nach dem Einssein. Wir sind von Natur aus soziale Wesen. Und Gott selbst sprach über Adam: „Es ist nicht gut, daß der Mensch allein sei" (1. Mose 2,18). Ich möchte daran erinnern, daß Gott diese Auffassung schon vor dem Sündenfall äußerte, als der Mensch noch den vertrauten Umgang mit ihm pflegte. Trotzdem befand Gott: „Das reicht nicht!"

Gottes Reaktion auf dieses Grundbedürfnis des Menschen war die Erschaffung der Frau. Sie würde zu ihm passen und ihm eine Helferin sein (1. Mose 2,8). Durch das hebräische Wort im Grundtext für „passen" wird noch stärker betont, daß sie ihm ein Gegenüber sein sollte. Gott erschuf also ein Wesen, mit dem der Mensch von Angesicht zu Angesicht verkehren konnte. Es ist hier eine engste persönliche Beziehung gemeint, die zu einer unauflöslichen Bindung führt. Und diese Bindung stillt die tiefste Sehnsucht des menschlichen Herzens – mit einem anderen Menschen in Gemeinschaft leben zu können. Die Ehe ist also Gottes Antwort auf dieses Verlangen.

Diese Gemeinschaft – das belegt die Schrift an vielen Stellen – soll ganzheitlich sein. Sie soll nicht nur den Körper ansprechen. Auch eine rein seelische Gemeinschaft wäre nicht ausreichend. Es soll vielmehr die weitgehende Verquickung zweier Lebensschicksale sein, und zwar auf allen Ebenen – intellektuell, sozial, spirituell, emotional und körperlich.

Diese Verschmelzung ist nicht möglich ohne die persönliche Hingabe der Partner aneinander, die nach Gottes Willen eine Ehe begleiten soll. Die Ehe ist kein Vertrag, um den sexuellen Verkehr zu legalisieren. Sie ist keine soziale Institution, die sicherstellt, daß die Kinder versorgt sind. Sie ist kein Sanatorium für Gemütskranke, wo wir die Therapie bekommen, die wir brauchen. Sie ist kein Mittel, um das Ansehen in der Gesellschaft zu heben oder wirtschaftliche Absicherung zu garantieren. Der eigentliche Zweck der Ehe ist selbst dann noch nicht erfüllt, wenn sie Liebe und Geborgenheit vermittelt, so wichtig diese beiden Dinge auch sein mögen.

Das eigentliche Ziel ist die Verschmelzung zweier Individuen mit allem, was ihr Leben ausmacht. Nur sie bedeutet wirkliche Erfüllung für das Paar, und nur durch sie wird am ehesten das Ideal erreicht, das dem Willen Gottes entspricht.

Das Wesen der ehelichen Gemeinschaft

Eins ist natürlich klar: Der Trauschein allein genügt noch nicht, um diese innere Einheit zu schaffen. „Rechtmäßig verbundene Eheleute" sind nicht automatisch zu einer Einheit verschmolzen. Ein alter Landprediger hat einmal gesagt: „Wenn man zwei Katzen am Schwanz zusammenbindet und sie über einen Zaun hängt, dann hat man sie zwar verbunden, aber eins sind sie damit noch lange nicht geworden."

Wohl das beste biblische Beispiel für wahre Einheit ist Gott selbst. In 1. Mose 2,24 sagt Gott: „Darum wird ein Mann seinen Vater und seine Mutter verlassen und seiner Frau anhangen, und sie werden zu einem Fleisch werden."

Hier ist das innere Einssein gemeint, nicht die in sich geschlossene Ganzheit. Die Schrift offenbart auch Gott als den Vater, den Sohn und den Heiligen Geist, die eine innere Einheit darstellen. Wir haben es nicht mit drei Göttern zu tun, sondern mit dem dreieinigen Gott. Es gibt viele Versuche, diese Dreieinigkeit graphisch darzustellen. Ich möchte hier einen zeigen, um ein paar Aspekte der Dreieinigkeit zu verdeutlichen

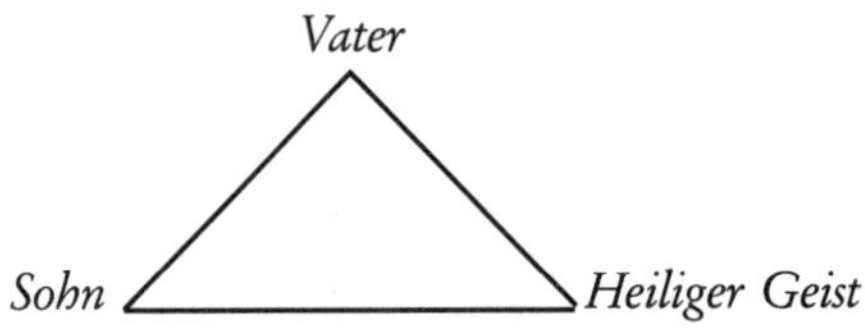

Man kann das Dreieck beliebig drehen. Das Wesen dieser Dreiheit wird dadurch nicht verändert. Wir können allerdings nicht eine der Personen entfernen, ohne die Einheit aufzulösen. Gott ist drei-einig. Wir werden diese Aussage niemals ganz erfassen können, und doch müssen wir Gott so sehen, denn so hat er sich uns offenbart.

Gott stellt eine innere Einheit von drei Personen dar. Diese drei Personen können durchaus unterschieden werden. Der Heilige Geist ist nicht für uns am Kreuz gestorben. Das war das Werk des Sohnes. In uns Gläubigen wohnt nicht der Vater, sondern der Geist. Die drei Personen der Trinität bilden eine Einheit und übernehmen doch verschiedene Rollen. Allerdings ist es auch wieder undenkbar, daß eine einzelne Person losgelöst von den anderen selbständig handelt. Von 1. Mose 1,26, wo Gott sagt: „Laßt uns Menschen machen nach unserm Bild", bis Offenbarung 22,16-21 wird uns immer wieder deutlich gemacht, daß der dreieinige Gott aus einer inneren Einheit heraus wirkt.

Was aber hat das alles mit der Ehe zu tun? Nun zeichnen wir ein zweites Dreieck, um das zu verdeutlichen:

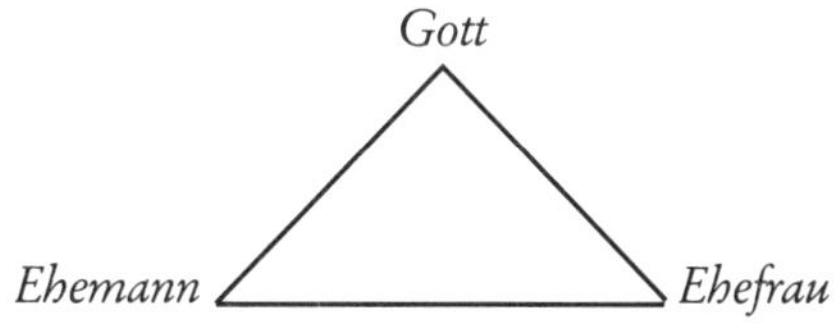

Diesmal dürfen wir allerdings das Dreieck nicht kippen. Gott muß über der christlichen Ehe wachen. Nur Mann und Frau können die Seiten wechseln. Sie bilden eine Einheit, die sie im Zusammenwirken mit Gott immer weiter ausbauen. Genauso wie der Heilige Geist in der Dreieinigkeit seine Identität nicht verliert, so verliert auch z. B. die Frau nicht ihre Identität in dieser Dreiheit.

Das Einswerden in der Ehe löscht die Persönlichkeit der Beteiligten nicht aus. Es ist vielmehr so, daß diese Einheit dazu befreit, die eigene Individualität unverkrampft auszuleben, weil man den Rückhalt im Einssein mit dem Partner hat. Gibt es etwas Befreienderes und Befriedigenderes als diese Erkenntnis?

Was das für die noch Ledigen bedeutet

Wenn Zweck der Ehe dieses Einswerden ist, was bedeutet das dann für die heiratswillige Frau oder den heiratswilligen Mann?

Wenn wir das Einswerden als Ziel anstreben, dann lautet die Schlüsselfrage vor der Hochzeit: „Weshalb glauben wir, daß gerade wir beide eins werden können?“ Gibt es genug Gemeinsamkeiten in allen wichtigen Lebensbereichen, um ein Fundament für das Einssein zu legen? Kein Haus sollte ohne tragfähiges Fundament errichtet werden. Genauso sollte auch keine Ehe angestrebt werden, sofern die zwei Menschen noch nicht die Tragfähigkeit des Fundaments ergründet haben.

Was bedeutet das in der Praxis? Es bedeutet, daß Paare, die ans Heiraten denken, viel Zeit miteinander verbringen sollten, in der sie ihre Standpunkte in diesen wichtigen Lebensbereichen auf den Tisch legen und ausdiskutieren. Es ist erschütternd, wie viele Paare heiraten, ohne die geistigen Interessen des anderen auch nur im Ansatz zu kennen. Viele heiraten und haben nur eine sehr oberflächliche Vorstellung von der Persönlichkeit und der Gefühlswelt des anderen. Andere heiraten und glauben, religiöse und moralische Werte seien von untergeordneter Bedeutung. So werden diesbezügliche Fragen kaum aufgeworfen. Wenn Sie aber Ihre Ehe optimal gestalten wollen, lohnt da nicht die Mühe, vorher das Fundament abzuklopfen?

Geistige Einheit

Ich möchte den noch unverheirateten Paaren ein paar praktische Vorschläge machen. Verabreden Sie sich ab und zu ganz speziell zu einem Diskussionsabend, an dem es zu einem Gedankenaustausch über alle möglichen Bereiche des Lebens kommt. Sprechen Sie z. B. einmal ausführlich über die Bücher, die Sie lesen. Das offenbart einiges über Ihre geistigen Interessen. Auch wenn Sie gar keine Bücher lesen, so ist dies eine aussagekräftige Tatsache. Lesen Sie regelmäßig eine Tageszeitung? Welche Illustrierten oder Magazine lesen Sie? Welche Fernsehsendungen mögen Sie am meisten? Die Antworten auf solche Fragen sagen etwas über Ihre geistigen Interessen.

Auch der Schulabschluß ist nicht ganz unbedeutend. Das heißt natürlich nicht, daß Ihre Interessen auf jedem Gebiet übereinstimmen müssen. Aber Sie sollten in der Lage sein, einen Gedankenaustausch auf ungefähr derselben intellektuellen Ebene zu führen. Viele Paare sind kurz nach der Hochzeit erwacht und haben erkennen müssen, daß dieser Bereich in ihrem Leben zum Niemandsland zwischen ihnen wurde, weil es einfach zuwenig Übereinstimmung gab.

Um hier rechtzeitig Klarheit zu schaffen, sollte man ein bißchen experimentieren. Verabreden Sie, ein bestimmtes Buch zu lesen, und nehmen Sie sich danach Zeit, ausführlich über seine Aussagen und Anliegen zu sprechen. Lesen Sie beide den Leitartikel in der Zeitung. Tauschen Sie sich darüber aus, was gut daran ist und wie Sie sein Anliegen bewerten. Dadurch erfahren Sie einiges über das Wesen und die Denkweise des anderen. Und Sie können leichter abschätzen, ob ein Zusammenwachsen möglich ist.

Gleiche Interessen und Hobbys

Ich erinnere mich noch an eine junge Frau, die erzählte: „Er spielt den ganzen Tag seine blöde Volksmusik. Das ist nicht zum Aushalten!“ Vor der Hochzeit schien dies kein Thema zu sein. Ich frage mich, wie das möglich war. War es die Verliebtheit, die bekanntlich blind macht?

Wir sind zwar soziale Wesen, aber unsere persönlichen Interessen und Vorlieben können sich sehr unterscheiden. Deshalb sind Sie es sich selber schuldig aufzuspüren, ob es hier ein gemeinsames Fundament gibt. Ist er Fußballfan? Wie viele Stunden in der Woche sitzt er vor der „Glotze“? (Glauben Sie, daß sich das nach der Hochzeit ändern wird?) Haben Sie eher musische Interessen? Gehen Sie gern in die Oper, ins Ballett oder ins Theater? Was unternehmen Sie gern nach Feierabend? Sie wissen sicher, was „grüne Witwen“ sind. Es gibt auch „Fußballwitwen“! Lieben Sie Partys? Welche Art von Geselligkeiten mögen Sie? All das sind Fragen, die nicht unbeantwortet bleiben dürfen.

„Müssen wir wirklich dieselben Hobbys haben?“ fragen Sie. Nein, es muß nicht alles hundertprozentig übereinstimmen. Aber es muß sich abzeichnen, daß die Basis so solide ist, daß Sie einander zumindest tolerieren können. Schon vor der Hochzeit muß die Bereitschaft erkennbar sein, sich aufeinander zu zu bewegen. Sollte das nicht der Fall sein, wird es hinterher wahrscheinlich keine Entwicklung in dieser Richtung geben. Seien Sie offen. Interessieren Sie sich für Dinge, die Sie bislang nicht schätzen gelernt haben. Probieren Sie aus, ob Sie bestimmte Dinge auch gemeinsam genießen können. Wenn Sie aber feststellen, daß Ihre Interessen und Vorlieben deutlich auseinandergehen, dann sollten Sie sich vor Augen halten, daß das Ziel der Ehe das Einswerden ist. Fragen Sie sich: „Werde ich den Rest meines Lebens glücklich und zufrieden sein, auch wenn er seine Hobbys und Leidenschaften nicht aufgibt?“

Was für ein Mensch sind Sie? Schreiben Sie doch einmal auf, wie Sie sich selber sehen. Wie wäre es, wenn Ihr zukünftiger Lebensgefährte dasselbe täte? Reden Sie dann darüber. Sieht Ihr Partner Sie genauso, wie Sie sich selber sehen?

Man sagt: „Gegensätze ziehen sich an.“ Das stimmt zwar. Aber Gegensätze kommen nicht unbedingt längere Zeit miteinander aus! Haben Sie genug Verständnis füreinander, daß Sie glauben, ein gutes Team abgeben zu können? Vielleicht können Sie ihn mit Ihrer Persönlichkeit gut ergänzen. Aber will er sich auch ergänzen lassen?

Sind Sie schon öfter in Ihrer vorehelichen Beziehung aneinandergeraten? Wenn Sie an Ihr künftiges Zusammenleben denken, wo sehen Sie Konfliktpotential? Sprechen Sie offen darüber. Erkennen Sie schon vor der Ehe Fortschritte bei der Bewältigung dieser Konflikte? Wenn es vor der Ehe ein ungelöstes Problem bleibt, wird es sich nach der Hochzeit nur verschlimmern.

Es ist keineswegs erforderlich, daß Sie völlig identische Persönlichkeiten sind. Das würde eine ziemlich langweilige Ehe werden. Doch es muß Verständnis füreinander da sein und eine Vorstellung davon, wie man sich arrangiert. Ich bin immer wieder entsetzt darüber, wie viele Paare sich schon vor der Hochzeit ständig in den Haaren liegen und dann glauben, die Ehe werde diese Konflikte schon lösen.

Geistliche Einheit

Das gemeinsame geistliche Fundament wird selbst bei Paaren, die regelmäßig eine Kirche oder Gemeinde aufsuchen, oft als letztes überprüft. Viele Ehepaare geben zu, daß zu den größten Enttäuschungen in ihrer Beziehung die Entdeckung gehört, auf diesem Gebiet keine Übereinstimmung zu finden. „Wir beten niemals zusammen", erzählt eine Frau. „Jeder erlebt den Gottesdienst völlig anders, obwohl wir nebeneinandersitzen. Und wir können auch nicht hinterher darüber reden", berichtet eine andere. Statt Einheit stellt sich eine immer größere Isolation ein. Und das ist genau das Gegenteil von dem, was Gott als Ziel der Ehe vorgesehen hat.

Zu viele Diskussionen vor der Hochzeit über Fragen des Glaubens drehen sich nur um den Gottesdienstbesuch und andere Äußerlichkeiten. Die fundamentaleren Fragen zu unserer persönlichen Gottesbeziehung bleiben jedoch allzu häufig unausgesprochen. „Ist Ihr Verlobter Christ?" frage ich regelmäßig. „Klar, er geht zu den Baptisten." Doch mir geht es nicht um irgendeine Gemeindezugehörigkeit. Ich frage nach dem geistlichen Fundament für die Ehe: Glauben Sie beide, daß es einen allmächtigen, persönlichen Gott gibt? Glauben Sie, daß Sie diesen Gott persönlich kennengelernt haben? Erzählen Sie mir davon! Dies sind die Fragen, die zum Kern vorstoßen.

Wir haben schon weiter oben darüber gesprochen, daß es für den Christen nicht möglich ist, mit einem Ungläubigen wirklich eins zu werden. Nun nehmen wir einmal an, beide Partner seien gläubige Christen, weil sie beide Jesus Christus als Erlöser anerkannt und das Geschenk der Erlösung und des ewigen Lebens angenommen haben. Reicht das aber?

Was geschieht z. B., wenn der Mann ein engagierter Christ ist, der den Ruf zur Mission verspürt, die Frau aber mehr an der Ferienwohnung, am Mercedes und an der Nerzstola hängt? Haben diese beiden Menschen ein tragfähiges Fundament für die Ehe?

Schlagen Ihre zwei Herzen im gleichen Takt? Bestärken Sie einander im Glauben, oder zieht einer den anderen ganz unmerklich in eine andere Richtung? Das gemeinsame geistliche Fundament ist deshalb so wichtig, weil wir nur unter der Führung des Schöpfers unser Eheleben optimal nach seinen Vorstellungen ausgestalten können.

Körperliche Einheit

Diese ist anfangs kaum einmal ein Problem. Wenn Sie sich vom anderen körperlich angezogen fühlen, ist zunächst eine gemeinsame Basis vorhanden. Aber es gibt da ein interessantes Phänomen: Die körperliche Einheit kann nicht losgelöst werden von der emotionalen, geistlichen und sozialen. So haben denn auch Probleme in der Sexualität in den meisten Fällen ihre Wurzeln in einem dieser anderen Bereiche. Eine rein körperliche Unverträglichkeit zwischen den Geschlechtern gibt es so gut wie gar nicht. Das Problem liegt meist ganz woanders und findet lediglich in der Sexualität seinen Ausdruck.

Trotzdem gibt es einiges, was bei der Suche nach einer gemeinsamen Basis in diesem Bereich beachtet werden muß. Dazu gehört zuallererst die ärztliche Untersuchung beider Partner. Wenn es körperliche Probleme gibt, dann werden sie bei dieser Gelegenheit wahrscheinlich entdeckt und können in den meisten Fällen sogar schnell behoben werden. Wenn es körperliche Behinderungen und Entstellungen gibt, die nicht sofort sichtbar sind, dann sollte mit dem zukünftigen Partner trotzdem offen darüber geredet werden. Wenn es nämlich der von Gott vorgesehene Lebensgefährte ist, wird er Sie so annehmen, wie Sie nun einmal sind. Beginnen Sie eine Ehe niemals mit Heimlichtuerei.

Im zweiten Kapitel haben wir uns mit dem Problem befaßt, was zu tun ist, wenn es in der Vergangenheit zu moralischen Fehltritten gekommen ist. Die Vorschläge, die wir in diesem Zusammenhang gegeben haben, sind für den Aufbau eines soliden Fundaments im körperlichen Bereich von besonderer Bedeutung. Ich möchte hier ein paar praktische Ratschläge zu einem Thema geben, das möglicherweise eins der größten Probleme für den gläubigen Erwachsenen darstellt, der ohne Partner lebt. Es geht um die Beherrschung des natürlichen, von Gott gegebenen Sexualtriebs.

Es sollte ganz klar sein, daß die Sexualität eine Erfindung Gottes ist. Oswald Kolle hat sie sich jedenfalls nicht ausgedacht. Er hat sie höchstens ausgebeutet. Gott erschuf uns als männliche und weibliche Wesen, und er stellte anschließend fest, „daß es sehr gut war" (1. Mose 1,26-31). Deshalb ist das körperlich-emotionale Verlangen, das wir dem anderen Geschlecht gegenüber empfinden, die normalste Sache der Welt. In Schwierigkeiten geraten wir nur, wenn wir dieses Geschenk mißbrauchen, weil wir die „Betriebsanleitung" des Herstellers nicht gelesen haben. Das sexuelle Verlangen soll allein in der Ehe als Ausdruck unserer gegenseitigen Liebe gestillt werden. Das ist das Problem der Alleinstehenden. Der Trieb entwickelt sich am stärksten während der Pubertät bis zum zwanzigsten Lebensjahr. Doch in unserer Gesellschaft vergehen bis zur Eheschließung meist noch eine ganze Reihe von Jahren. Was soll man da in der Zwischenzeit tun?

Als Gott den Menschen erschuf, hat er mich nicht um Rat gefragt. Hätte er es aber getan, hätte ich einen anderen Zeitplan für die Sexualität vorgeschlagen. Bei mir würde die Pubertät erst mit 24 einsetzen, wenn der Normalbürger seine Berufsausbildung beendet hat. Dann würde ich ihn sexuell anschalten und seine Augen für die „bessere Hälfte" öffnen, ihm Eva oder Adam zuführen und die Hochzeit bereits in drei Monaten festlegen. Sie werden zugeben, daß wir es so alle etwas leichter hätten.

Aber Gottes Wege sind nicht immer die bequemsten. Und es ist auch so, daß etwas Wertvolles selten ohne große Anstrengungen zu bekommen ist. Ich habe mich und andere oft gefragt, warum Gott uns gerade mit dieser inneren Uhr für die Sexualität geschaffen hat. Die einzige Antwort, die ich gefunden habe, lautet: Er wollte uns damit etwas lehren. Wir sollen begreifen, daß Selbstbeherrschung eine durchaus positive Erfahrung ist.

Das ist etwas, was uns später im Leben helfen wird. Gott möchte, daß wir den Sexualtrieb beherrschen. Wir sollen ihn aber nicht verleugnen. In meiner Verantwortung liegt es nun, mit der Hilfe des Heiligen Geistes diesen Trieb als etwas völlig Normales und Gesundes anzunehmen und ihn gleichzeitig zu beherrschen.

Wie kann ich nun aber ein christliches Kontrollprogramm in diesem Bereich entwickeln, das mir wirklich hilft? Antworten auf diese Frage finden Sie in vielen Publikationen, die es auf dem christlichen Buchmarkt gibt.

Wir sprechen über das Fundament für das Einswerden in der Ehe. Wenn Sex Ihr einziges Anliegen ist, dürften unsere Ausführungen keine besondere Bedeutung für Sie gehabt haben. Wenn Sie die Köchin suchen oder den Brötchenverdiener, dann brauchen Sie nichts weiter als das „Heimchen am Herd" oder den „treusorgenden Ehemann". Wenn Ihr Ziel jedoch das Einswerden von zwei Menschen ist, dann sollten Sie sich das Fundament genauer anschauen. Jesus hat darüber gesprochen, was für eine Torheit es ist, ein Haus auf losem Sand zu errichten (Matthäus 7,24-27).

„Gott möchte, daß wir durch seinen Heiligen Geist das Beste aus unserem Leben machen. Das geschieht selten durch übernatürliches Eingreifen. Er ist vielmehr bestrebt, all unser Denken und Trachten zu durchdringen, bis wir seine Entscheidungen zu unseren machen."[1]

Was die Verheirateten dazu sagen

Ich höre geradezu, wie viele Verheiratete, die diese Zeilen lesen, mir entgegenhalten: „Das ist ja alles schön und gut, aber es kommt zu spät für mich. Ich bin schon verheiratet. Warum haben Sie das alles nicht zwanzig Jahre früher aufgeschrieben? Ich habe eine schlechte Wahl getroffen. Und nun ist es mein Schicksal, für den Rest meines Lebens unglücklich zu sein." Einen Augenblick! Ich habe ja auch etwas für Sie. Der ganze zweite Teil dieses Buches hat nur ein Anliegen: Es soll auch Ihnen in Zukunft besser gehen.

Es ist noch nicht aller Tage Abend! Es geschehen immer noch Wunder. Ich habe diese Kapitel speziell für die noch Unverheirateten geschrieben, weil auch für sie gilt, daß vorbeugen besser ist als heilen. Doch möchte ich gleichzeitig darauf hinweisen, daß Krankheit noch lange nicht den Tod bedeuten muß. Ihre Ehe mag krank sein, aber es ist sicher viel zu früh, schon den Bestatter zu bestellen.

Ich hoffe, Sie haben verstanden, was das Ziel der Ehe ist – Einswerden auf möglichst allen Ebenen. Vielleicht ist das bisher nur ein Traum für Sie gewesen. Doch wenn Sie willens sind, etwas dafür zu tun, kann dieser Traum in Erfüllung gehen. Haben Sie es sich schon manchmal vorgestellt, wie es wäre, wenn Sie solch eine Einheit in möglichst vielen Lebensbereichen mit Ihrem Partner erleben könnten – seelisch, körperlich, geistig und geistlich? Geben Sie nicht auf! Vielleicht stehen Sie kurz davor, eine großartige Entdeckung zu machen.

„Aber mein Partner ist nicht daran interessiert, mit mir zusammenzuarbeiten", wenden Sie vielleicht ein. „Ich schaffe das doch nicht allein!" Das stimmt natürlich. Sie können aber allein den ersten Schritt tun. Und Gott kann diesen ersten Schritt nutzen, um eine Veränderung bei Ihrem Partner zu bewirken. Das Grundprinzip, das wir Ihnen im nächsten Kapitel vorstellen, ist die wichtigste Voraussetzung für Glück und seelische Gesundheit in der Ehe. Lesen Sie es. Denken Sie darüber nach, und vergessen Sie nicht, die Übungen am Ende des Kapitels durchzuarbeiten.

Übungen und Fragen, die weiterhelfen

Für Verlobte und solche, die es werden wollen:

1. Falls Sie in Erwägung ziehen, Ihren Freund oder Ihre Freundin eines Tages zu heiraten, sollten Sie prüfen, ob ein ausreichend solides Fun-

dament für diese Ehe besteht. Nehmen Sie sich ein Blatt Papier, und machen Sie vier Spalten mit den Überschriften:

Geistig/Intellektuell Interessen/Hobbys Körperlich Geistlich.

Schreiben Sie in jede Spalte die Gemeinsamkeiten, die Ihnen zu dem betreffenden Bereich einfallen. In welchem Bereich ist die Basis offensichtlich am wenigsten entwickelt? Glauben Sie, daß das Fundament so tragfähig ist, daß es die Last einer lebenslangen Ehe aushält?

2. Bitten Sie Ihren Freund, Ihre Freundin, auf gleiche Weise die Spalten auszufüllen. Nehmen Sie das Ergebnis als Anstoß für ein ausführliches Gespräch über den Stand Ihrer Beziehung.

3. Diese Übungen sollen Ihnen helfen, Ihre Beziehung realistisch einzuschätzen. Nachdem Sie die Schwachpunkte aufgedeckt haben, sollten Sie noch einmal die dazu passenden Abschnitte in diesem Kapitel durchlesen. Überlegen Sie sich, welche konkreten Schritte Sie tun können, um Ihr gemeinsames Fundament zu stärken. Stimmen Sie die Schritte und Maßnahmen miteinander ab, und fragen Sie sich nach einem Monat, wo Sie sich aufeinander zu bewegt haben.

4. Sollten Sie auch nach längerer Zeit keine Fortschritte feststellen, ist es vielleicht ratsam, die Idee zu heiraten noch einmal zu überdenken. Wenn sich vor der Ehe nicht abzeichnet, daß Sie zusammenwachsen können, dann wird Ihnen das nach der Hochzeit erst recht nicht gelingen.

Für Ehepaare:

1. Denken Sie einmal gründlich über Ihre Ehe nach. Bevor wir darangehen, Schwächen zu beseitigen, müssen wir sie erst einmal erkennen. Nehmen auch Sie ein Blatt Papier, und machen Sie vier Spalten mit den Überschriften:

   Geistig/Intellektuell Interessen/Hobbys Körperlich Geistlich.

   Schreiben Sie in jede Spalte die Gemeinsamkeiten, die Ihnen zu dem betreffenden Bereich einfallen. Wo ist Ihre Einheit am schwächsten ausgeprägt? Was könnten Sie tun, um hier etwas in Gang zu bringen? Was wollen Sie konkret tun?

2. Geben Sie auch Ihrem Partner dieses Kapitel zu lesen, und bitten Sie ihn, auf gleiche Weise die Spalten auszufüllen. Tauschen Sie sich später darüber aus. Verabreden Sie Schritte, die Ihre Einheit noch stärken. Konzentrieren Sie sich auf jeweils ein Gebiet.

Teil II
Wir wachsen zusammen

4. „Wenn meine Frau doch schlanker wäre“

„Was ist denn Ihr Problem?“ fragte ich.

„Es ist meine Ehe. Wir kommen einfach nicht miteinander aus.“

„Welche Problembereiche gibt es denn?“ fragte ich nach.

„Meine Frau hört zu oft auf ihre Mutter. Sie ist sehr leicht beeinflußbar. Und ihre Mutter zerstört unsere Ehe.“

„Gibt es noch andere Bereiche?“ wollte ich wissen.

„Ja, meine Frau glaubt, wir hätten einen Goldesel. Ich verdiene gutes Geld. Sie aber kann nie genug bekommen. Durch sie sind wir schon so hoch verschuldet, daß ich nicht weiß, ob wir da je wieder herauskommen.“

„Ihre Schwiegermutter und das liebe Geld – das sind also die Probleme, die Sie haben? Gibt es noch andere Konflikte?“

„Noch so viele kleine Dinge. Sie reizt mich bis aufs Blut. Dauernd liegt sie mir in den Ohren, daß ich irgend etwas machen soll. Wenn ich von der Arbeit nach Hause komme, tut sie so, als wäre ich ihr Sklave. Und sie ist niemals mit irgend etwas zufrieden.“

Nachdem ich mir noch die Klagen über ein paar weitere kritische Punkte ihres Zusammenlebens angehört hatte, fragte ich: „Haben Sie eine Idee, wie Sie da herauskommen?“

Er antwortete: „Ich habe keine Ahnung! Ich wünschte, ich hätte eine Idee. Wenn sie doch nur begreifen würde, daß ich auch nur ein Mensch bin. Auch ich habe Bedürfnisse. Aber ich scheine ihr völlig egal zu sein. Wenn doch einer mal ein ernstes Wörtchen mit ihr reden würde.“

Kennen Sie das? Manchmal ist es auch die Frau, die so klagt. Aber das Grundmuster ist immer dasselbe: Wir schütten unser Herz aus und geben dem Partner alle Schuld. Unsere Probleme sind immer nur die Fehler des anderen. Und unsere Botschaft lautet: „Mein Problem ist meine Frau/mein Mann! Ich selber bin ja eigentlich ein umgänglicher Mensch. Aber mein Partner macht mir das Leben schwer.“

Wenn ich Paare seelsorgerlich betreue, gebe ich ihnen bei einer Sitzung Papier und Bleistift, und dann sollen sie aufschreiben, was sie am Partner nicht mögen. Sie sollten diese Listen sehen. Manche erbitten noch ein zweites Blatt Papier. Sie schreiben, frustriert und verbittert, in kürzester Zeit die Blätter voll. Etwas später bitte ich sie dann, aufzuschreiben, was ihrer Meinung nach die eigenen Schwächen sind. Es ist schon zum Lachen, was dabei oft herauskommt. Eine Schwäche fällt den Befragten meist spontan ein. Und die wird dann aufgeschrieben. Eine zweite kommt ihnen höchstens nach längerem Nachdenken in den Sinn. Und manche finden gar keine weiteren mehr. Ist das nicht sonderbar? Ich selber habe nur diesen einen kleinen Fehler (höchstens aber drei oder vier), während mein Partner gleich ein Dutzend hat.

„Achte auf den Balken"

Wenn doch mein Partner endlich zur Einsicht käme, dann könnten wir eine glückliche Ehe führen. So denken wir; und deshalb nörgeln wir und machen Szenen. Wir fordern, wir vergießen Tränen, wir ziehen uns in den Schmollwinkel zurück, wir verzagen – und das alles ohne irgendeinen Erfolg.

Mein Partner wird sich nicht ändern, deshalb werde ich wohl immer unglücklich bleiben müssen. Das glaube ich nicht! Ihre Ehe kann wieder gesund werden. Und die Heilung kann heute beginnen, ganz gleich, wie Ihr Partner dazu steht.

Jesus hat für uns ein Rezept, wie wir das Blatt wenden können. Es steht in Matthäus 7,1-5. Im folgenden Zitat habe ich das Wort „Bruder" durch „Partner" ersetzt, damit noch etwas deutlicher wird, wie das Prinzip in der Ehe wirkt:

> Richtet nicht, damit ihr nicht gerichtet werdet! Denn mit welchem Gericht ihr richtet, werdet ihr gerichtet werden ... Was aber siehst du den Splitter, der in deines Partners Auge ist, den Balken aber in deinem Auge nimmst du nicht wahr? Oder wie wirst du zu deinem Partner sagen: Erlaube, ich will den Splitter aus deinem Auge ziehen; und siehe, der Balken ist in deinem Auge? Heuchler, zieh zuerst den Balken aus deinem Auge, und dann wirst du klar sehen, um den Splitter aus deines Partners Auge zu ziehen.

Verstehen Sie mich bitte nicht falsch. Ich möchte hier niemanden als Heuchler abstempeln. Mir geht es nur um das Prinzip. Jesus will uns sagen, daß wir uns vergeblich abmühen, wenn wir unsere Ehe dadurch zu retten versuchen, daß wir den Partner ändern wollen (indem wir alles tun, um den Splitter in seinem Auge zu entfernen). Anfangen muß man vielmehr bei den eigenen Fehlern (beim Balken im eigenen Auge)!

Das heißt natürlich nicht, daß der Partner keine Fehler hat. Doch die Auseinandersetzung mit den Fehlern und Schwächen des anderen sollte nicht unser erster Schritt sein. Die Frage, die wir uns zuallererst bei Konflikten in der Ehe stellen müssen, lautet: „Was mache ich falsch? Was sind meine Schwächen?"

Das will Ihnen natürlich nicht so recht einleuchten, denn schließlich trägt Ihr Partner ja mit 95 % zu dem Problem bei, oder? Perfekt sind Sie natürlich nicht, aber Ihre Schuld am Konflikt ist doch nur minimal – vielleicht 5 %. Aber selbst wenn das der Fall ist, sind Sie es, der den Schlüssel zu einer Klärung in der Hand hält. Jesus sprach: „Zieh zuerst den Balken aus deinem Auge."

Doch wie soll man das ganz konkret anstellen? Wie zieht man den „Balken" aus dem eigenen Auge? Suchen Sie das Zwiegespräch mit Gott – vorzugsweise dort, wo Sie auch ungestört laut reden können. (Wenn Sie Ihrem Partner gegenüber sehr verbittert sind, sollten Sie vielleicht erst einmal alles aufschreiben, was Ihnen an ihm mißfällt. Dadurch bekommen Sie den Kopf frei, so daß es Ihnen dann leichter fällt, auch Ihre eigenen Schwächen wahrzunehmen.)

Wenn Sie mit Gott allein sind, fragen Sie ihn einfach: „Herr, was mache ich falsch? Wo sündige ich? Ich weiß, daß mein Lebensgefährte viele Fehler hat, und ich habe sie aufgeschrieben. Jetzt möchte ich aber meine eigenen Schwächen kennenlernen." Halten Sie Papier und Bleistift bereit, denn Gott wird Antwort geben auf solch ein Gebet. Schreiben Sie auf, was Ihnen in diesem Augenblick einfällt.

Vielleicht entdecken Sie dabei, wie verbittert Sie sind. Doch Verbitterung wird in Epheser 4,31 verurteilt: „Alle Bitterkeit und Wut und Zorn und Geschrei und Lästerung sei von euch weggetan." Sicherlich hat Ihr Partner diese negative Einstellung ausgelöst. Aber Sie haben es zugelassen, daß sich Ihre Verbitterung verfestigt. Dabei kann es niemals richtig sein, einem Geschöpf Gottes gegenüber verbittert zu sein.

Vielleicht entdecken Sie auch, wie sehr es Ihnen an Güte mangelt. Sie übersehen dabei das Gebot aus Epheser 4,32: „Seid aber zueinander gütig, mitleidig, und vergebt einander, so wie Gott in Christus euch vergeben hat." – „Aber mein Partner tut nichts, um mein Wohlwollen zu rechtfertigen“, wenden Sie vielleicht ein. Das mag stimmen. Doch es ist Ihre Entscheidung, Güte zu zeigen oder die kalte Schulter. Es paßt einfach nicht zu einem Christen, unfreundlich und unnachsichtig durchs Leben zu gehen.

Vielleicht entdecken Sie, wie wenig Liebe Sie noch für Ihren Partner übrig haben. Dieses Thema werden wir in Kapitel 5 vertiefen. Doch an dieser Stelle möchte ich schon darauf hinweisen, daß in 1. Korinther 13 die Liebe nicht so sehr als Gefühlsregung, sondern viel eher als Gesinnung dargestellt wird. „Die Liebe ist langmütig, die Liebe ist gütig ... sie bläht sich nicht auf, die Liebe tut nicht groß, sie benimmt sich nicht unanständig, sie sucht nicht das Ihre, sie läßt sich nicht erbittern, sie rechnet Böses nicht zu [sie führt also nicht Buch über die Schandtaten des anderen].“ Wenn Sie Ihrem Partner keine Liebe mehr zeigen, dann haben Sie gesündigt.

Es kann sein, daß Ihnen der Heilige Geist viele Ihrer eigenen Sünden vor Augen führt. Schreiben Sie sie auf – eine nach der anderen –, bis Sie nicht mehr anders können, als Ihre Bibel aufzuschlagen und 1. Johannes 1,9 zu lesen: „Wenn wir unsere Sünden bekennen, ist er treu und gerecht, daß er uns die Sünden vergibt und uns reinigt von jeder Ungerechtigkeit.“ Dadurch, daß Sie Ihre eigenen Sünden aufgelistet haben, haben Sie sie auch gleichzeitig bekannt, denn Sie sind mit Gott übereingekommen, daß dies Dinge in Ihrem Leben sind, die nichts Gutes bewirken.

Gehen Sie noch einmal die Liste durch, und machen Sie sich im Angesicht Gottes Punkt für Punkt bewußt, welchen Schaden dies alles anrichtet. Danken Sie ihm gleichzeitig für das Kreuz und für die damit errungene Vergebung. Finden Sie Ihre eigenen Worte für folgendes Gebet: „Vater, das alles war verkehrt, so schrecklich verkehrt. Wie konnte ich nur so töricht sein! Aber ich danke dir für das Kreuz und dafür, daß Christus für diese Sünden bereits bezahlt hat und mir vergeben werden kann. Danke, Vater, für deine Vergebung.“

Nehmen Sie nun ganz bewußt für jeden Punkt auf Ihrer Liste die Vergebung Gottes an. Vielleicht ist es Ihnen ein Bedürfnis, die Liste anschließend zu vernichten als Symbol für Gottes Vergebung. Gott möchte nicht, daß wir unter der seelischen Last vergangener Sünden leben. Uns kann vergeben werden.

Ein reines Gewissen

Nachdem wir nun Gottes Vergebung angenommen haben, sollten wir einen zweiten Schritt tun, damit unsere Ehe sich wieder zum Positiven wandelt. Paulus nennt dieses Prinzip in Apostelgeschichte 24,16, das er sich selbst zur Maxime gemacht hat: „Darum übe ich mich auch, allezeit ein Gewissen ohne Anstoß zu haben vor Gott und den Menschen."

Ich denke, daß dieser Vers das wichtigste Prinzip für seelische Gesundheit und damit auch für eine heile Ehe wiedergibt. Paulus behauptet ja nicht von sich, er habe niemals Fehler gemacht. Aber er hat sich immer wieder davon befreit – zuerst vor Gott und dann vor den Menschen. Auch wir entlasten unser Gewissen, wenn wir zum Partner gehen und ihm unser Versagen bekennen.

„Was aber, wenn mein Partner nicht bereit ist, mir zu vergeben?" fragen Sie. Das ist dann ganz allein sein Problem, nicht mehr Ihres. Ihre Pflicht ist es, die eigenen Fehler zuzugeben und um Vergebung zu bitten. Die Reaktion des Partners liegt nicht mehr in Ihrer Verantwortung. Sie haben getan, was in Ihrer Macht stand, um Ihr eigenes Fehlverhalten zu bereinigen. Die Sünden Ihres Partners können Sie nicht bekennen, aber Ihre eigenen „fünf Prozent" durchaus.

Reden Sie mit Ihrem Lebensgefährten – vielleicht nach einem guten Essen – etwa folgendermaßen: „Liebes [oder was Sie sonst zu ihm oder ihr sagen], Gott hat zu mir heute geredet, und da ist mir klargeworden, daß ich einiges falsch gemacht habe. Ich habe schon Gott um Vergebung gebeten, und ich möchte, daß auch du mir vergibst. Es war sehr egoistisch, von dir dieses oder jenes zu verlangen. Und wenn ich so reagiert habe, war ich sicher nicht sehr freundlich zu dir. Ich habe mir nicht klargemacht, daß du ... brauchst. Kannst du mir vergeben?" Seien Sie bei Ihrem Partner genauso konkret wie in Ihrem Gespräch mit Gott. Und lassen Sie ihm Zeit mit der Antwort.

Was wird geschehen, wenn Sie das tun? Entweder geht die Sonne wieder auf über Ihrer Ehe, oder Ihr Partner antwortet: „Ja, ja, das habe ich alles schon so oft gehört. Ich glaube dir kein Wort mehr." Was Sie in diesem Augenblick tun, entscheidet darüber, ob Sie noch einmal Gott etwas bekennen müssen oder ob Sie auf dem richtigen Weg sind. Wenn Sie in Tränen ausbrechen, schimpfen oder fliegende Untertassen durchs Zimmer schicken, müssen Sie noch einmal in sich gehen und Gott um Vergebung bitten.

Antworten Sie doch lieber folgendermaßen: „Ich verstehe deine Zurückhaltung. Ich habe mich in der Tat schon öfter entschuldigt. Und ich habe mich sicher noch nicht so verändert, wie ich mir das immer wünsche. Deshalb verstehe ich durchaus, wenn es dir schwerfällt zu glauben, daß es diesmal anders wird.“

Machen Sie jetzt noch keine allzu großen Versprechungen. In diesem Augenblick geht es um die Vergangenheit. Besiegeln Sie Ihr Bekenntnis mit einem Kuß oder einer Umarmung. Lächeln Sie, auch wenn Sie zurückgestoßen worden sind.

Machen Sie sich keine Gedanken darüber, wie Ihr Partner reagieren könnte. Erwarten Sie nicht, daß er auf die Knie fällt und seinerseits Fehler eingesteht. Wenn es so ist, dann freuen Sie sich! Es wird dann sicher ein schöner Abend. Aber negativen Gefühlen ist oft nicht so spontan beizukommen. Der Stolz stellt bei den meisten von uns eine große Hürde dar. Lassen Sie Gott Zeit, daß er an Ihrem Lebensgefährten arbeiten kann. Wenn Sie Ihre Fehler eingestanden und Ihr Gewissen Gott und dem Partner gegenüber erleichtert haben, dann haben Sie für den wichtigsten Menschen in Ihrem Leben alles getan, was Sie tun konnten. Vielleicht reagiert er nicht spontan, indem er tut, was Sie getan haben. Aber zumindest haben Sie ihm den Weg geebnet, seinerseits Fehler einzugestehen.

Letztlich können wir niemand zwingen. Jeder Mensch hat seinen freien Willen. Es ist die Entscheidung des anderen, ob er selber nach unserem Schuldbekenntnis haßerfüllt, herrisch und boshaft bleibt. Trotzdem wird die Ehe besser werden, auch wenn Ihr Partner seine Fehler nicht zugibt. Sie sind nämlich jetzt, da Sie sich der Vergangenheit entledigt haben, frei, positiv auf Ihre Beziehung einzuwirken. Sie haben endlich die Freiheit, die Fronten zu wechseln, und nun nicht mehr Teil des Problems, sondern Teil der Lösung zu sein.

Viele Paare befinden sich in einer Pattsituation, weil eine Mauer zwischen ihnen entstanden ist. Mauern werden immer nur Stein für Stein errichtet. Ein Partner versagt in einer bestimmten Situation. Das mag so unbedeutend sein wie der ständig überquellende Mülleimer oder so gravierend wie die sexuelle Verweigerung. Statt uns mit dem Problem auseinanderzusetzen, wird es verschwiegen. Wir haben auch gleich unsere Entschuldigung dafür parat: Was erwartet er denn noch? Ich tue, was ich kann. An meine Bedürfnisse denkt er ja auch nicht.

So wird ein Fehlverhalten nach dem anderen verschwiegen und ignoriert, bis eine dicke, hohe Mauer zwischen zwei Menschen entstanden ist, die sich früher einmal geliebt haben. Das Gespräch ist zum Erliegen gekommen. Und was bleibt, ist nur noch Bitterkeit und Groll.

Wie kann eine solche Mauer wieder beseitigt werden? Wir müssen unsere Fehler Stein für Stein abtragen. Indem wir sie so konkret wie möglich eingestehen, reißen wir die Mauer nach und nach ein. Sicher, sofern von beiden Seiten hochgemauert worden ist, muß auch jeder auf seiner Seite die Steine wieder abtragen. Doch wenn Sie auf Ihrer Seite anfangen, hat es Ihr Partner leichter, seine Seite einzutreten. Wenn beide bereit sind, die trennende Mauer niederzureißen, können Sie auf dem entstandenen Schuttberg eine ganz neue Beziehung errichten.

Ist die Mauer durch Bekenntnisse und Vergebung abgerissen worden, müssen wir es lernen, bei erneut auftretendem Fehlverhalten sofort wieder ins Gespräch zu kommen. Nie wieder dürfen wir die Steine aufeinanderschichten. Das Schuldbekenntnis muß zum Lebensstil werden.

Vor ein paar Monaten, als wir wieder einmal verzweifelt versuchten, unsere Kinder pünktlich zur Schule zu schaffen, fragte ich meine Frau: „Karolyn, wo ist mein Aktenkoffer?“ Ihre Antwort war ein knappes: „Weiß nicht.“ Ich wiederholte etwas nachdrücklicher: „Nun sag schon, Karolyn, wo ist er? Ich hab's eilig. Gestern abend habe ich ihn dort beim Sideboard hingestellt. Und jetzt ist er weg. Wo hast du ihn hingeräumt?“

„Gary, ich weiß nicht, wo dein Aktenkoffer ist“, erwiderte sie mit Nachdruck.

Das ging noch zwei weitere Runden so – dieselben Vorwürfe, aber noch ein bißchen lauter. Ich war wütend. Es war ganz klar: Sie hatte den Koffer weggeräumt. Aber sie bequemte sich nicht, darüber nachzudenken, wo sie ihn abgestellt haben könnte. Ich scheuchte die Kinder aus dem Haus und fuhr sie eilends zur Schule. Unterwegs sprachen wir über Noten und Fächer, als sei nichts gewesen. Doch nachdem ich sie hinausgelassen hatte, widmete ich mich wieder ganz meinem Ärger auf Karolyn. Sie hatte meine Tasche verlegt. Die ganzen neun Meilen von der Schule bis zu meinem Büro dachte ich nur über ein Thema nach: Wie konnte ich nur eine Frau heiraten, die so zerstreut ist? Mein Aktenkoffer ist doch so wichtig für mich. Ohne ihn bin ich aufgeschmissen. Was mach' ich denn nur heute?

Die Antwort auf diese Frage bekam ich in dem Augenblick, da ich mein Büro betrat. Dort stand er nämlich – mein Aktenkoffer, genau an der Stelle, wo ich ihn am Tag zuvor vergessen hatte!

Ich konnte mich nun entscheiden: Ich konnte alles unter den Teppich kehren und mir vornehmen, kein Sterbenswörtchen darüber zu verlieren, wo ich ihn gefunden hatte – in der Hoffnung, nie danach gefragt zu werden. Ich hätte alles gut mit Schlafmangel und Überarbeitung erklären können. Ich konnte aber auch praktisch anwenden, was ich selber predigte: den Balken im eigenen Auge wahrnehmen, meine Sünde bekennen und um Vergebung bitten.

Ich redete mit Gott: „O Gott, wie konnte ich nur so dumm sein! Vergib mir, wie häßlich ich zu Karolyn war. Ich war lieblos, unwirsch, herabwürdigend. In meinem Ärger habe ich sie falsch beschuldigt. Danke, Vater, für das Kreuz. Danke, daß die Strafe schon bezahlt ist. Danke für deine Vergebung." So hatte ich Gott gegenüber mein Gewissen erleichtert.

Als nächstes war ein Anruf zu Hause fällig: „Karolyn, ich äh, ich – naja, ich habe meinen Aktenkoffer gefunden."

„Tatsächlich?"

„Ja, er war hier im Büro." Etwas unbeholfen und zögernd fuhr ich dann fort: „Es tut mir leid, daß ich dich heute so angefahren habe. Das war eigentlich ganz schrecklich. Ich hätte es nicht tun sollen. Deshalb wollte ich dich fragen, ob du mir vergeben kannst."

Und wissen Sie, was sie antwortete? „Ich dachte mir, daß du anrufen würdest!"

Wie kam sie darauf? Sie hatte damit gerechnet, weil wir beide uns fest vorgenommen haben, niemals den Bau einer Mauer anzufangen. Sie wußte, daß ich nicht zur Tagesordnung übergehen würde, ohne meinen Fehler zu bereinigen. Das Leben ist viel zu kurz, um es freiwillig hinter Mauern zu verbringen. Warum sollten wir das kostbare Gut so vergeuden? Eine Mauer wird aber niemals in die Höhe wachsen, wenn Sie Ihre Fehler immer unverzüglich bereinigen.

Die Aufgabe des Heiligen Geistes

Auf diese zwei ersten Schritte muß noch ein dritter folgen. Es ist sogar so: Wenn wir nicht die Bereitschaft für diesen dritten Schritt mitbringen, werden wir auch die ersten zwei niemals tun.

Ich spreche davon, daß wir den Heiligen Geist in unserem Leben gewähren lassen müssen. Er ist es, der uns zurechtweist, wenn wir auf dem falschen Weg sind, und uns zum Bekenntnis treibt (Hebräer 12,5). Er ist in der Tat der „Gott mit uns", der in jedem Gläubigen wohnt (Römer 8,9). Jesus hat ihn den Tröster genannt, der auf ewig bei uns bleiben wird (Johannes 14,16). Und er ist der „Geist der Wahrheit", dessen Aufgabe darin besteht, uns immer wieder anzuhalten, bei der Wahrheit zu bleiben, damit wir unser Leben in seinem Sinne gestalten (Johannes 14,17;16,13). Er ist auch unser Lehrer, der uns an die Verkündigung Jesus erinnert (Johannes 14,26). Seine Aufgabe ist es, all jene Eigenschaften und Wesenszüge zur Entfaltung zu bringen, die Jesus uns auf dieser Erde vorgelebt hat und die Paulus die „Frucht des Geistes“ genannt hat. Diese Frucht des Geistes ist „Liebe, Freude, Friede, Langmut, Freundlichkeit, Güte, Treue, Sanftmut, Selbstbeherrschung“ (Galater 5,22-23).

Beachten Sie, daß diese Eigenschaften „Frucht des Geistes“ und nicht „Frucht eigener Anstrengungen“ genannt werden. Das Christenleben besteht nicht darin, krampfhaft Jesus nachzuahmen. Es bedeutet vielmehr, daß wir unser Leben dem Heiligen Geist hingeben, damit er Jesu Wesenszüge durch uns zum Ausdruck bringt.

Wir können uns noch so anstrengen, es wird uns doch nicht gelingen, von uns aus wirklichen Frieden zu stiften. Dieser Friede ist aber ein Nebenprodukt der Bereitschaft, unser Leben dem Heiligen Geist ganz und gar zur Verfügung zu stellen. Das gleiche gilt auch für die anderen Eigenschaften wie z. B. „Freude, Langmut, Freundlichkeit“. Der Schlüssel zu einem siegreichen Leben als Christ ist die Übergabe der Herrschaft an den Heiligen Geist.

In Epheser 5,18 werden wir ermahnt, uns nicht mit Wein zu berauschen, sondern „uns vom Geist erfüllen zu lassen“. So wie jemand sich durch einen Willensakt entscheiden kann, sich vom Wein beherrschen zu lassen, so kann sich der Christ seinerseits durch einen Willensakt dafür entscheiden, sich unter die Herrschaft des Heiligen Geistes zu stellen.

Vom Geist erfüllt zu werden ist nicht irgendeine mystische Erfahrung im Gefühlsüberschwang – obwohl die Gefühle durchaus beteiligt sind. Es ist vielmehr ein Willensakt, durch den wir die Herrschaft über unser Leben dem Heiligen Geist übergeben. In allen wiedergeborenen Christen wohnt der Geist (Römer 8,9), aber nicht alle Christen lassen sich von ihm führen. Das ist die Herausforderung, von der Epheser 5,18 spricht.

Wie werden wir aber vom Heiligen Geist erfüllt, und wie übergeben wir ihm die Herrschaft? Nachdem wir unsere Sünden bekannt und Gottes Vergebung angenommen haben, bitten wir Gott, uns mit dem Geist zu erfüllen und ihn die Herrschaft übernehmen zu lassen. Das heißt, daß wir ihn bitten, den Thron in unserem Leben zu besteigen. Das ist ein Gebet, das Gott erhören wird, denn er hat uns verheißen, „daß er uns hört, wenn wir etwas nach seinem Willen bitten“ (1. Johannes 5,14-15). Und wir wissen, daß es „nach seinem Willen“ ist, uns mit dem Heiligen Geist zu erfüllen, schließlich hat er in Epheser 5,18 geboten: „Laßt euch vom Geist erfüllen.“ Wenn wir das also erbitten, können wir sicher sein, daß es in Erfüllung geht.

Wir nehmen die Herrschaft des Geistes über unser Leben im Glauben an. Wir warten nicht auf irgendein spektakuläres Erlebnis. Wenn wir unsere Sünden bekannt und seine Herrschaft erbeten haben, glauben wir ganz schlicht daran, daß er den Thron in unserem Leben bestiegen hat, und wir handeln fortan nach unserem Gewissen. Wir verlassen uns darauf, daß der Geist uns befähigt, wie erlöste Menschen auf unseren Partner zuzugehen.

Wenn wir diese Prinzipien in unserer Ehe anwenden, wird es normalerweise folgende Abfolge der Ereignisse geben:

1. Mir wird bewußt, daß es in meiner Ehe nicht so zugeht, wie es zugehen sollte.
2. Ich höre auf, meinem Partner alle Schuld zu geben, und ich bitte Gott, mir meine Fehler zu zeigen.
3. Ich bekenne meine Sünden und nehme nach 1. Johannes 1,9 Gottes Vergebung an.
4. Ich bitte ihn, mich mit dem Heiligen Geist zu erfüllen und mir die Kraft zu geben, konstruktiv daran mitzuarbeiten, daß mein Leben sich zum Positiven wandelt.
5. Ausgerüstet mit dieser Kraft, gehe ich zu meinem Ehepartner, bekenne ihm mein Fehlverhalten und bitte ihn um Vergebung.
6. Nun, da mir die Kraft Gottes zur Verfügung steht, beginne ich, mein Verhalten, meine Worte und meine Einstellungen nach den Prinzipien der Bibel zu verändern.

Wer so handelt, dessen Ehe ist in jedem Fall auf dem Weg der Besserung!

Dem Partner in seiner Schwäche helfen

Ich möchte hier nicht den Eindruck vermitteln, die Fehler und Schwächen des Partners stünden gar nicht zur Debatte. Dazu möchte ich Ihnen ein ganz praktisches Beispiel geben, das zeigt, welche Rolle das Eingeständnis von Fehlern im Konfliktfall spielen kann.

Es war an einem Samstag im letzten Sommer. Meine Frau und ich frühstückten ausgiebig mit unseren zwei Kindern. Wir freuten uns über den wunderschönen Ausblick aus unserem Fenster. Die Vögel zwitscherten, überall blühten Blumen, und wir waren so richtig frohgestimmt – bis meine Frau ankündigte, sie wolle mit unserem Sohn Schuhe kaufen gehen. Kurz darauf machten die beiden sich auf den Weg, während das Geschirr vom Frühstück einfach auf dem Tisch stehenblieb.

Es war unter meiner Würde, einen Ton zu sagen, doch nachdem sie losgefahren war, zog ich mich auf die Veranda hinter dem Haus zurück, machte es mir in meinem Schaukelstuhl gemütlich und tat alles, um noch ein bißchen „saurer" auf sie zu werden. Meine melancholische Veranlagung half mir auch noch dabei, immer schwärzeren Gedanken nachzuhängen.

Schließlich ist es mein einziger freier Tag. Ich tue immer alles, um wenigstens am Samstag zu Hause zu sein. Als Hausfrau hat sie doch die ganze Woche Zeit, um solche Einkäufe zu erledigen. Warum muß sie da ausgerechnet samstags einkaufen? Ich bin ihr offensichtlich nicht mehr viel wert, sonst würde sie mich doch nicht einfach so im Stich lassen. Und die schmutzigen Teller vom Frühstück bleiben auch einfach so auf dem Tisch stehen. Sie hätte ja wenigstens noch den Tisch abräumen können. Wahrscheinlich erwartet sie auch noch, daß ich das mache. Die wird sich wundern. Ich bin doch nicht ihr Hausdiener!

Meine Gedanken wurden immer finsterer, und es gelang mir doch tatsächlich, trotz all der zwitschernden Vögel und der Blumenpracht um mich her immer trübsinniger zu werden. Doch dann wurde meine Aufmerksamkeit auf den Titel einer meiner Vorträge gelenkt (als hätte Gott mir ganz sanft auf die Schulter getippt und gesagt: „Achte auf den Balken"). Mir fiel wieder ein, was Jesus gesagt hatte: „Zieh zuerst den Balken aus deinem Auge."

Also wandte ich mich an Gott und sagte: „O Herr, wie dumm von mir! Wie konnte ich nur so töricht sein? Was ist in mich gefahren, daß ich mich derart über meine Frau aufregen konnte, nur weil sie einkaufen gegangen ist?" Die Antwort ließ nicht lange auf sich warten: Ich hatte mir angemaßt, die Motive meiner Frau zu kennen und zu beurteilen. Hatte ich nicht behauptet, ich sei ihr nichts mehr wert? Solches Richten wird in Matthäus 7,1 verurteilt. (Es ist außerdem auch noch dumm, so etwas zu tun, weil man die Motive eines anderen ohnehin nicht kennt, sofern er nicht darüber spricht.) Außerdem war es purer Egoismus, der da aus mir sprach. Nachdem ich all das bekannt und Gottes Vergebung angenommen hatte, überließ ich dem Heiligen Geist den Thron in meinem Leben. Und so wurde ich in die Lage versetzt, gutgelaunt den Abwasch zu machen und mich auf die Heimkehr meiner Frau zu freuen.

Am Abend, nachdem die Kinder im Bett waren, hatte ich Gelegenheit, über mein Problem zu sprechen. „Weißt du, Schatz, heute vormittag hatte ich ganz schön Probleme mit mir. Ich habe richtig gesündigt. Und Gott mußte mich zurechtweisen. Ich habe alles inzwischen bekannt, und Gott hat mir vergeben, aber vielleicht möchtest du ja trotzdem wissen, worum es ging."

Wie konnte sie da widerstehen! Ich erzählte ihr also, was in mir vorgegangen war und daß ich eingesehen hatte, wie falsch das alles war. Ich mußte ihr zwar nichts bekennen, denn sie hatte mein Fehlverhalten ja nicht mitbekommen. Aber ich erzählte ihr trotzdem davon, weil unser höchstes Ziel in der Ehe die Einigkeit ist. Diese Innigkeit entsteht nur dort, wo man Freud und Leid auch wirklich teilt. Nachdem ich ihr von meinem Problem berichtet hatte, war meine Frau bereit, ganz offen über ihre Aktion am Vormittag zu reden. Und wir kamen überein, für die Zukunft ein paar Regeln einzuhalten, die wir beide akzeptieren konnten. Sie sehen also: Mein Bekenntnis hatte den Weg geebnet für eine sehr fruchtbare Diskussion.

(Ich möchte noch anmerken, daß sich in diesem Beispiel meine Frau völlig korrekt verhalten hat. Es ist keine Sünde, am Samstag einkaufen zu gehen. Ich war es, der gesündigt hatte. Als ich zugab, daß es mein Problem gewesen war, fühlte sie sich nicht in die Ecke gedrängt, so daß sie bereitwillig über ihre Motive sprach und schließlich fragte: „Was kann ich tun, damit du dich beim nächsten Mal nicht mehr so gekränkt fühlst?")

Wie anders wäre alles ausgegangen, wenn ich in meinem Schmollwinkel geblieben wäre und zugelassen hätte, daß sich die Bitterkeit einnistet! Bei ihrer Heimkehr hätte ich sie mit Vorwürfen überhäuft oder sie durch mein Schweigen bestraft und sie betteln lassen, ich möge doch endlich mit der Sprache herausrücken, warum ich so verärgert sei. Man hätte aber auch alles unter den Teppich kehren können oder die Sammlung negativer Gefühle um ein weiteres Stück bereichern können. Es wäre in jedem Fall ausgesprochen töricht gewesen.

Wenn eine Zweierbeziehung zerbricht, sind immer auch zwei an der Zerrüttung schuld. Zugegeben, es kann immer einer etwas mehr dafür verantwortlich sein. Aber jeder kann auch den ersten Schritt zur Versöhnung tun. Jeder sollte erst einmal vor der eigenen Tür kehren. Und es kann letztlich auch jeder nur sein eigenes Fehlverhalten bereinigen. Das Bekenntnis ist ein sehr persönlicher Akt, und wir müssen jedem einzelnen die Entscheidungsfreiheit darüber lassen. In der Zwischenzeit können wir selber ja schon einmal mit dem Bekennen anfangen. Vielleicht gibt das den Anstoß, daß auch unser Ehepartner anfängt, reinen Tisch zu machen.

Zusammenfassung

Wir haben uns in diesem Kapitel mit Verhaltensweisen beschäftigt, die förderlich für unsere Ehegemeinschaft sind. Die vorgeschlagenen Schritte haben so manche Ehe gerettet. Und diese Prinzipien werden ihre Gültigkeit behalten, solange die Menschen paarweise zusammenleben.

Nachdem Sie sich nun grundlegend zu Ihrer eigenen Fehlbarkeit bekannt haben, müssen Sie nicht pedantisch jede mögliche Schwäche ausfindig machen und beim Namen nennen. Seien Sie einfach in Zukunft nur wachsamer. Wenn Sie dann eines Tages Spannungen wahrnehmen, wenn Ihnen auffällt, daß Sie unwirsch sind und das Gefühl des Einsseins abhanden kommt, dann sollten Sie Gott unverzüglich fragen: „Herr, was ist los mit mir? Warum bin ich darüber so erbost? Was habe ich getan oder unterlassen, daß mein Partner sich jetzt so verhält? Auch wenn er tatsächlich unrecht hat – wie verhalte ich mich dann? Ist meine Reaktion überhaupt berechtigt, oder ist sie unberechtigt?"

Es sind nicht die anderen, die uns die schlechte Laune machen. Wir selber entscheiden uns dafür. Die Gefühle, die spontan hochkommen, wenn Ihr Partner Ihnen wieder einmal unrecht tut, können Sie wahrscheinlich nicht kontrollieren. Was Sie mit diesen Gefühlen dann aber tun, das können Sie durchaus beeinflussen. Sofern Sie immer bemüht sind, Ihr Herz zu erforschen und jeden Fehler, den Sie dabei entdecken, bekennen, können Sie als befreiter Mensch durch Ihren inneren Frieden gelassen bleiben, auch wenn Sie in der konkreten Situation nicht allzu glücklich sind. Als jemand, der mit sich selber im Frieden lebt, werden Sie immer derjenige in einer Partnerschaft sein, der konstruktiv zum Frieden beiträgt.

So kann sich Ihre Ehe verbessern, auch wenn Ihr Partner keine Anstalten macht, sich zu verändern. Ich behaupte nicht, daß das dann eine ideale Ehe ist, die in jeder Beziehung zufriedenstellt. Dazu müssen zwei Menschen unter der Herrschaft Gottes zusammenarbeiten. Aber die Ehe kann auch dann schon recht gut gedeihen, wenn nur einer den Willen zum Wandel mitbringt.

Wenn Sie die in diesem Kapitel vorgeschlagenen Verhaltensregeln beachten, dann werden dies die ersten strategischen Schritte hin zu einem gedeihlichen Miteinander sein. Wer weiß, was Gott für Ihren Partner alles tun kann, wenn Sie ihn unterstützen, statt ihm im Wege zu stehen?

Übungen und Fragen, die weiterhelfen

Für Ehepaare:

1. Schreiben Sie die Schwächen Ihres Partners auf. (Wir werden später darauf zurückkommen und erklären, wie man solch eine Aufstellung nutzt. Im Augenblick sollen Sie nur alles aufschreiben, was Ihnen einfällt, um den Blick freizubekommen für Ihre eigenen Bedürfnisse.)

2. Lesen Sie in Ihrer Bibel folgende Passagen: Matthäus 7,1-5; Apostelgeschichte 24,16; 1. Johannes 1,9.

3. Schreiben Sie Ihre eigenen Sünden und Schwächen auf, und bekennen Sie sie vor Gott.

4. Bitten Sie um die Herrschaft des Heiligen Geistes in Ihrem Leben, und akzeptieren Sie sie auch.

5. Als Mensch, dem von Gott vergeben worden ist und der vom Geist beherrscht wird, sollten Sie ganz offen mit dem Partner über alle Ihre Schwächen reden und um Vergebung bitten.

6. Wenn Sie das Gefühl haben, falsch gedacht oder gehandelt zu haben, sollten Sie sogleich Stellung dazu beziehen und die Vergebung annehmen. Machen Sie es sich zur Lebensregel, immer mit einem reinen Gewissen vor Gott und dem Partner dastehen zu können.

7. Das Leben ist zu kurz, als daß man es mit Zwist und Zwietracht vergeuden sollte. Sie verdienen die Freiheit, mit einem reinen Gewissen leben zu können. Das Eingeständnis von Fehlern und die Bitte um Vergebung ebnen den Weg in diese Freiheit. Worauf warten Sie also noch?

Für Verlobte und solche, die es werden wollen:

1. Ein reines Gewissen ist vor der Hochzeit genauso wichtig wie nachher. Überprüfen Sie daraufhin Ihren Umgang mit dem Partner. Was sollten Sie Gott bekennen, was Ihrem Freund oder Ihrer Freundin? Zögern Sie nicht, es zu tun!

2. Haben Sie Ihr Leben der Herrschaft des Heiligen Geistes übergeben? Er ist Ihr wichtigster Verbündeter. Warum sollten Sie da zögern, ihn bestimmen zu lassen?

3. Vielleicht gibt es noch andere Menschen in Ihrem Leben (Eltern, Vorgesetzte, Zimmernachbarn), denen Sie etwas nachtragen, die Sie beschimpft haben oder denen gegenüber Sie handgreiflich geworden sind. Fehler bereinigt man nicht durch totschweigen, sondern allein durch ein Bekenntnis – Gott und dem Betreffenden gegenüber. Tun Sie etwas, um Ihr Gewissen zu erleichtern und sich von vergangenen Fehlern zu befreien.

4. Besprechen Sie dieses Thema mit Ihrem Partner. Können Sie sich darüber einigen, daß das Bekenntnis für Sie beide zur Lebensregel wird?

5. Wenn Sie auf Fehler mit einem Bekenntnis reagieren, werden Sie mit Ihrer Persönlichkeit reifen und wachsen. Wenn Sie jedoch begangene Fehler unter den Teppich kehren, werden diese immer wieder zu Unstimmigkeiten führen und Anlaß zum Straucheln sein. Sollten Sie deshalb nicht doch einmal gründlich unter allen Teppichen kehren?

5. „Von Liebe keine Spur mehr“

Wir haben bereits weiter oben über die Rolle der Liebe in der Zeit des Kennenlernens und der vorehelichen Zweierbeziehung gesprochen. Nun aber wollen wir uns vergegenwärtigen, welche Rolle die Liebe in der Ehe spielt. In den vergangenen Jahren habe ich immer wieder meine Seminarteilnehmer gebeten, mir eine Definition für die Liebe zu geben. Ich bekam Antworten, die sich sehr voneinander unterschieden. Einige betonten mehr den emotional–körperlichen Aspekt, während andere mehr den Aspekt der Hingabe sahen. Am nettesten fand ich folgende Definition: „Liebe setzt sich zusammen aus zwei Konsonanten L und B und zwei Vokalen I und E – und uns zwei Unbelehrbaren!“

Ohne mich an dieser Stelle eingehender mit einer Definition beschäftigen zu wollen, möchte ich doch noch auf zwei eigentlich etwas sonderbar anmutende Textstellen in der Bibel hinweisen. In Epheser 5,25 werden die Ehemänner ermahnt, ihre Frauen zu lieben, und in Titus 2,3-4 wird den älteren Frauen ans Herz gelegt, die jüngeren Frauen zu lehren, ihre Männer zu lieben.

Warum muß man einen Mann durch ein Gebot ermahnen, seine Frau zu lieben? Und warum muß man eine Frau lehren, ihren Mann zu lieben? Setzt die Ehe das nicht voraus? War die Liebe nicht der wichtigste Grund, warum Sie überhaupt geheiratet haben? Das zumindest behaupten die meisten Paare, die mit mir über die Ehe sprechen. Wozu brauchen wir dann das Liebesgebot für die Zeit nach der Hochzeit?

Könnte es sein, daß das, was wir für Liebe hielten, am Ende gar nicht die Liebe war? Könnte es sein, daß sich die wahre Liebe ohnehin bei den meisten Paaren – wenn überhaupt – erst nach der Hochzeit einstellt? Machen Sie doch Ihre eigene private Umfrage unter Ehepaaren. Lassen Sie die Befragten ihre eigene Motivation zur Ehe auf einer Skala von eins bis zehn bewerten. Bitten Sie darum, so ehrlich wie möglich zu antworten.

Die Eins soll für absolut egoistische Motive stehen, während bei der Zehn nur das Wohl des Partners ein Motiv gewesen ist. Ich will Ihnen sagen, wie Ihr Ergebnis ausfallen wird. Sie werden feststellen, daß sehr wenige sich über fünf einordnen. Wenn wir ehrlich sind, denken die meisten von uns zuallererst daran, welche Vorteile die Beziehung für uns selber haben kann. Wir malen uns aus, wie angenehm das alles für uns sein wird. Aber, so frage ich mich – ist das denn wirklich Liebe?

Schauen wir uns 1. Korinther 13,4-8 an. Es ist die beste Beschreibung (nicht Definition) der Liebe, die ich je gefunden habe. Lesen Sie den Text in aller Ruhe durch. Verwenden Sie eine moderne Übersetzung. Welche Auswirkungen hat das alles auf den Charakter der Ehe? Viele Menschen erfreuen sich an der Poesie dieses Textes und vergessen dabei, nach den ganz praktischen Auswirkungen zu fragen.

„Wer liebt, ist geduldig und gütig. Wer liebt, der ereifert sich nicht, er prahlt nicht und spielt sich nicht auf. Wer liebt, der verhält sich nicht taktlos, er sucht nicht den eigenen Vorteil und läßt sich nicht zum Zorn erregen. Wer liebt, der trägt keinem etwas nach, es freut ihn nicht, wenn einer Fehler macht, sondern wenn er das Rechte tut. Wer liebt, der gibt niemals auf, in allem vertraut er und hofft er für ihn; alles erträgt er mit großer Geduld. Niemals wird die Liebe vergehen" (Die Gute Nachricht).

Dieser Text ist so gehaltvoll, daß man ihn gar nicht auf einmal verdauen kann. Beschäftigen wir uns zunächst also mit ein paar Kerngedanken: Die Liebe ist geduldig und gütig, sie sucht nicht den eigenen Vorteil. Sie hat es nicht „schon immer gewußt", sondern ist verständnisvoll, höflich, nicht aufbrausend und erträgt die Schwächen des anderen. All diese Eigenschaften der Liebe sind offenkundig auf das Wohl des geliebten Menschen gerichtet.

Ich möchte noch eine weitere Frage stellen: Erfordern diese genannten Ausdrucksformen der Liebe, daß man dem anderen mit großer Zuneigung und tiefen Gefühlen begegnet? Antworten Sie jetzt nicht voreilig! Wieviel Gefühlsüberschwang brauche ich, um freundlich zu sein? Weiter oben sprach ich vom „Kribbeln im Bauch", das wir manchmal fühlen, wenn wir einem Vertreter des anderen Geschlechts begegnen. Wie stark muß das Kribbeln sein, um höflich dem anderen gegenüberzutreten? Können wir auch ohne Herzklopfen geduldig mit unserem Partner sein? Sie sehen also, daß die Liebe, wie sie in 1. Korinther 13 beschrieben wird, nicht eine Sache der Gefühle ist, sondern der Gesinnung und der Bereitschaft, Gutes zu tun. Doch unsere Gesinnung untersteht durchaus unserem freien Willen.

Oft kommen die Paare erst zu mir, wenn sie schon mitten in großen

Schwierigkeiten stecken. Sie stehen kurz vor der Trennung. Und wenn ich sie nach dem Grund frage, berichten sie mir von ihren Zwistigkeiten; und sie schließen dann mit dem alles entscheidenden Faktum: „Wir lieben uns nicht mehr!“ Das – so meinen sie – erkläre alles. Deshalb gebe es zur Scheidung auch keine Alternative mehr. Da sei nichts zu machen: „Die Liebe ist halt weg.“ – „Wir haben keinen Einfluß darauf.“ Ein Mann erzählte: „Ich wünschte, ich könnte sie noch lieben. Aber es ist einfach zu spät. Es ist schon zuviel passiert.“

Das aber glaube ich ganz und gar nicht! Ich möchte hier die zweite Hälfte eines Bibelzitats wiedergeben, das ich bereits weiter oben erwähnt habe: „Ihr Männer, liebt eure Frauen, wie auch der Christus die Gemeinde geliebt und sich selbst für sie hingegeben hat.“ Darf ich Ihnen in diesem Zusammenhang noch eine weitere Frage stellen? Welche Einstellung herrschte in der Gemeinde vor, als Christus sich für sie hingab? Waren die, die er liebte, freundlich, auf ein gutes Verhältnis bedacht und geduldig mit ihm? Das Gegenteil war der Fall! Der Beste unter ihnen fluchte und sagte: „Ich kenne ihn nicht“ (Matthäus 26,74). Und in Römer 8,5 heißt es: „Gott aber erweist seine Liebe gegen uns darin, daß Christus, als wir noch Sünder waren, für uns gestorben ist.“

Gott hat uns schon geliebt, als wir noch gar nicht liebenswert waren. Deshalb wird auch dem Ehemann gesagt, seine Frau selbst dann zu lieben, wenn sie ihm gegenüber negativ eingestellt ist. Es ist nicht schwer, jemand zu lieben, wenn man Gegenliebe erfährt. Dazu braucht man kein Gebot. Das ist die Liebe, die wir vor der Hochzeit kannten: Ich war lieb zu ihr, weil sie lieb zu mir war. Wie aber soll ich mich jetzt verhalten, da mein Partner gar nicht mehr so lieb zu mir ist? Dabei ist uns das biblische Gebot eine Hilfe.

Ich bin aufgefordert, meine Frau zu lieben, und sie wird unterwiesen, mich zu lieben, ganz gleich, wie jeder von uns darauf reagiert. Diese Art der Liebe sorgt am ehesten dafür, den Partner positiv zu stimmen. Wenn ich freundlich, verständnisvoll, geduldig und zuvorkommend bin, mache ich es dem Partner leichter, sich positiv zu verhalten.

Das heißt allerdings nicht, daß ich Gegenliebe garantiert erwarten kann. Der andere hat immer noch die Freiheit, nicht zu lieben. Deshalb entscheidet über das Gelingen oder Nichtgelingen einer Ehe nicht nur ein Partner allein. Um eine wirklich befriedigende Beziehung zu haben, müssen beide Partner an einem Strang ziehen. Doch vieles wird sich zum Besseren kehren, wenn wenigstens einer sich entschließt zu lieben. Ich selber kann also zu größerer Harmonie in meiner Ehe durchaus meinen Beitrag leisten. Und die Liebe ist dabei meine wirkungsvollste Waffe.

Es wäre sicher unfair, wenn ich an dieser Stelle nicht darauf hinweisen würde, daß es Ihnen niemals gelingen wird, diese selbstlose Liebe ohne den Beistand des Heiligen Geistes auch wirklich zu leben. In der Schrift heißt es: „Die Liebe Gottes ist ausgegossen in unsere Herzen durch den Heiligen Geist" (Römer 5,5). Die Fähigkeit, in Liebe zu reagieren, kommt von Gott. Ich habe also die großartige Gelegenheit, ein Mittler für die Liebe Gottes an meinen Partner zu sein. Niemand im ganzen Universum ist geeigneter als ich, meiner Frau all die Liebe zu überbringen, die sie bekommen soll. Und diese Chance sollte ich mir nicht entgehen lassen. Wenn ich mich an Gott wende, meine eigene Unfähigkeit zur Liebe, vielleicht sogar meine Verbitterung und meinen Haß eingestehe und seine Vergebung annehme, wird meine Fähigkeit zu lieben voll entfaltet werden.

Wie läuft es denn im Normalfall ab? Meine Frau tut etwas, was ich für falsch halte, oder, was noch schlimmer ist, sie unterläßt etwas, was meiner Meinung nach unbedingt erledigt werden müßte. Sofort ist meine Einstellung ihr gegenüber negativ geprägt. Diese negativen Gefühle mögen zunächst ganz spontan entstanden sein, ohne daß ich darauf bewußt Einfluß gehabt hätte. Was ich nun aber mit diesen Gefühlen anfange, ist durchaus nicht unkontrollierbar für mich.

Wenn ich meinem natürlichen Antrieb folge, lasse ich meinen Gefühlen freien Lauf, finde scharfe Worte oder strafe mit eisernem Schweigen. Beide Maßnahmen haben eine Konsequenz: Wir beide fühlen uns hinterher ziemlich miserabel. Mein negatives Verhalten wird negative Reaktionen hervorrufen.

Wenn ich aber fest entschlossen bin, diesen negativen Emotionen auf keinen Fall nachzugeben, kann ich zur treibenden Kraft werden, die die Liebe neu entfacht. Es ist nämlich nicht so, wie oft in der Psychologie behauptet wird, daß negative Gefühle in jedem Fall dem anderen mitgeteilt werden sollten. Einige müssen ganz einfach ausgehungert werden. Nur wenn ich diese zerstörerischen Regungen durch inneres Lamentieren und entsprechendes Verhalten nähre, mache ich mich schuldig. So viele Paare stehen am Rand des Abgrunds, weil sie jede negative Gefühlsregung dem Partner unbedingt vorhalten mußten. Wir sollen diese Regungen zwar nicht leugnen. Doch ist es allemal besser, sie Gott zu bringen und ihm zu danken, daß sie uns nicht mehr ein bestimmtes Verhalten diktieren können.

Nun wird so mancher vielleicht einwenden: „Nun gut, Sie sagen mir, ich solle meinen Partner unabhängig von meinen Gefühlen lieben. Aber ist das nicht Heuchelei?"

Nein, das ist absolut keine Heuchelei, denn Sie behaupten ja nicht, etwas zu empfinden, was gar nicht vorhanden ist. Weil Sie aufgrund eines Willensaktes oder einer Gabe freundlich sind, müssen Sie ja nicht behaupten, ganz viel innere Zuneigung für den anderen zu empfinden. Aber Sie wenden sich dem anderen freundlich zu. Das muß nicht mit überschwenglichen Gefühlen einhergehen. Aber bereits ein freundlicher Tonfall ist die beste Voraussetzung dafür, daß Ihr Partner gesprächsbereit bleibt.

Tausende von Ehen hätten gerettet werden können, wenn wenigstens einer der Partner das Prinzip dieser Liebe, zu der wir uns willentlich entscheiden, begriffen hätte. Wenn Ihnen auch sonst nichts aus diesem Buch im Gedächtnis haften bleibt, so merken Sie sich wenigstens dies eine: Lieben Sie den Partner nach 1. Korinther 13! Die Liebe ist das Größte, und jeder kann sich ihrer bedienen.

Nehmen wir nun einmal an, daß Sie sich zur Liebe entschlossen haben. Ihre Gefühle sind zwar immer noch von Gleichgültigkeit oder gar Abneigung geprägt, trotzdem wollen Sie Kanal der Liebe Gottes für Ihren Lebensgefährten sein. Wie können Sie diese Liebe zum Ausdruck bringen? Soweit ich weiß, gibt es dafür nur zwei Wege: durch Worte und durch Taten.

Liebe durch Worte

In 1. Korinther 8,1 lesen wir: „... die Liebe aber erbaut." Wer also seinen Partner liebt, der hilft beim Aufbau seiner Persönlichkeit. Und eins der besten Baumaterialien ist das Kompliment. Überlegen Sie, was Sie – ob entscheidend oder nebensächlich – an Ihrem Partner mögen, und bringen Sie diese Wertschätzung zum Ausdruck.

Es wird von einer Frau erzählt, die einen Eheseelsorger um Rat fragte. „Ich möchte mich von meinem Mann scheiden lassen", vertraute sie ihm an. „Und ich möchte ihm alles heimzahlen."

„In diesem Fall", antwortete der Seelsorger, „sollten Sie anfangen, ihn mit Komplimenten zu überschütten. Wenn er dann ohne Sie nicht mehr leben mag und glaubt, Sie lieben ihn von ganzem Herzen, dann sollten Sie die Scheidung einreichen. Auf diese Weise zahlen Sie ihm alles heim." Ein paar Monate später suchte die Frau noch einmal ihren Seelsorger auf, um ihm zu berichten, daß sie seinen Rat befolgt hatte.

„Gut", sagte der Seelsorger, „dann können wir jetzt endlich die Scheidung in die Wege leiten."

„Scheidung?“ rief die Frau empört. „Nie im Leben! Ich habe mich doch ganz neu in ihn verliebt.“ Bei dieser Frau „kribbelte“ es offenbar wieder.

„Wie kann ich ihm Komplimente machen, wenn er mich doch so schrecklich behandelt?“ fragte mich eine Klientin. Die Bibel gibt die Antwort: Mit Hilfe des Heiligen Geistes! Ist das nicht auch das Gebot Jesu, wenn er in Matthäus 5,44 sagt: „Liebt eure Feinde, und betet für die, die euch verfolgen.“ Wenn wir immer nur Gleiches mit Gleichem vergelten, wird alles immer nur schlimmer. Doch wenn wir trotz schlechter Behandlung lieben, haben wir gute Chancen, unsere Ehe zu retten.

Ich möchte Ihnen noch ein paar Beispiele für die Macht des Lobes geben: Die Frau schaut aus dem Fenster und sieht, daß ihr Mann fast schon den ganzen Rasen im Vorgarten gemäht hat. Sie meint, daß dies der rechte Augenblick sei, gleich noch etwas loszuwerden. Sie tritt nach draußen, formt mit den Händen einen Schalltrichter und übertönt so den Lärm vom Rasenmäher: „Meinst du, du schaffst es heute nachmittag, auch noch die Regenrinnen zu säubern?“ Stellen wir uns die Situation vor: Ihr Mann hat gerade zwei Stunden damit verbracht, im Schweiße seines Angesichts den Rasen zu schneiden, und nun bekommt er gleich noch eine weitere Aufgabe aufgebürdet. Wir wissen nicht, was er antworten wird, aber er denkt ganz bestimmt: „Rutsch mir den Buckel runter!“ Wäre er nicht ganz anders gestimmt, wenn seine Frau ihm ein Glas Limonade herausbringen und sich über den schönen, sauberen Rasen freuen würde?

Ich kann nicht mit Sicherheit sagen, ob der Mann auch noch die Regenrinnen säubert, aber das Kompliment wäre ganz gewiß mit Freude aufgenommen worden. Wohl jeder Familienvater ist wesentlich motivierter, Pflichten im Haus zu übernehmen, wenn er hinterher ein Lob bekommt.

Das gilt natürlich umgekehrt auch für die Ehefrau und Mutter. Vor einiger Zeit erzählte mir eine schon etwas ältere Frau: „Mein Mann sagt mir oft, wie gut ich aussehe, wenn ich mir z. B. ein neues Kleid gekauft habe. Wissen Sie, es tut einer alten Frau gut, auch mal ein paar Komplimente zu bekommen.“ Sie hat recht, und dasselbe gilt für Frauen jeden Alters.

Aber nicht nur Komplimente sind ein Ausdrucksmittel der Liebe. „Der Ton macht die Musik“, sagt der Volksmund. Und das ist wahr. Ein freundliches Wort im rechten Augenblick wirkt Wunder. Auch in 1. Korinther 13 heißt es, daß die Liebe freundlich ist. Damit ist das nette Wort gemeint. „Eine sanfte Antwort wendet Grimm ab, aber ein kränkendes Wort erregt Zorn“ (Sprüche 15,1). Warum schreien Sie, wenn Sie Ihrem Partner etwas sagen wollen? Warum legen Sie einen so barschen Ton an den Tag? Weil Sie Ihren negativen Gefühlen auf den Leim gegangen sind! Wenn Sie aber die Hilfe Gottes in Anspruch nehmen, können Sie trotz Groll und Ärger freundlich reden.

Es schadet nichts, wenn Sie im freundlichen Ton Ihrem Partner mitteilen, wie verärgert Sie eigentlich sind. So könnte der Mann zu seiner Frau sagen: „Du, ich bin eigentlich ziemlich sauer auf dich. Aber ich will nicht unfreundlich sein. Könntest Du dieses Hemd hier waschen, das schon drei Wochen schmutzig in der Ecke liegt?! Du weißt ja, ich schätze dich sonst sehr.“ Es ist immer gut, mit dem Anliegen auch noch ein Kompliment weiterzugeben.

Ein weiteres Ausdrucksmittel der Liebe ist die Anfrage, die anstelle eines Befehls ausgesprochen wird. „Was hältst du davon?“ – „Wie wäre es damit?“ – „Wäre es möglich?“ – „Könnten wir das jetzt erledigen?“ Solch eine Anfrage hört sich doch gleich ganz anders an als ein barsches: „Sieh zu, daß du das heute noch erledigt kriegst!“

Auch Sympathiebekundungen sind eine Möglichkeit, Liebe auszudrücken. Achten Sie darauf, daß Ihr Partner sich äußern kann, ohne gleich verdammt und verurteilt zu werden. So sagt die Frau vielleicht: „Ich habe den Eindruck, daß du mich gar nicht mehr so liebst wie früher.“ Der Mann wird natürlich sofort wütend und fährt sie an: „Wie kommst du denn darauf? Hast du vergessen, daß ich dir vor drei Jahren den Pelzmantel spendiert habe? Und zum Essen habe ich dich auch letzten Sommer eingeladen!“ Was tut dieser Mann? Er verurteilt sie wegen ihrer Gefühle. Er hätte lieber sagen sollen: „Wie kommt das denn? Gibt es irgendeinen konkreten Anlaß dafür?“ Geben Sie dem andern die Chance, über seine Gefühle zu reden. Und akzeptieren Sie dann auch, was er sagt. Überlegen Sie sich, wie Sie auf diese Gefühle Rücksicht nehmen können. Aber verdammen Sie sie nicht gleich.

Wer sich liebevoll äußert, vermeidet die Vergangenheitsform. Die Liebe zählt nicht die Fehler und belebt nicht bei jeder neuen Krise die Vergangenheit. Es gibt aber Paare, die sich vergangene Sünden so lange um die Ohren hauen, bis alle Liebe in ihnen erstorben ist. Da hat eine Ehe keine Zukunft.

Liebe durch Taten

Johannes ermahnt uns, nicht nur mit Worten, sondern auch mit Taten zu lieben (s. 1. Johannes 3,18). Das alte Sprichwort: „Taten sind Früchte, Worte nur Blätter" hat sicher seine Berechtigung. Man braucht allerdings beides an einem Baum.

Die Liebe ist geduldig. Wenn wir also Liebe durch unser Verhalten zum Ausdruck bringen wollen, dürfen wir auch nicht ungeduldig miteinander umgehen. Diese Erkenntnis hat weitreichende Konsequenzen in der Praxis. Sie werden in Zukunft nicht mehr wie ein Tiger im Zoo Ihre Runden drehen, während Ihre Frau sich zum Ausgehen fertigmacht. Warum setzen Sie sich nicht einfach hin und entspannen sich? Durch Ihre Drängelei wird sie auch nicht schneller fertig. Sie aber schaukeln sich nur hoch in Ihrem Zorn. Gezwungen sind Sie jedoch nicht dazu. Es ist Ihre Entscheidung. Lieben Sie doch einfach!

Die Liebe ist freundlich. Es gibt wohl kaum etwas, was deutlicher die Sprache der Liebe spricht als Freundlichkeiten ganz praktischer Natur. Nur die eigene Phantasie und die Bereitschaft setzen hier die Grenzen. Ein Blumenstrauß – gekauft oder selbst gepflückt – sagt allen Frauen: „Ich liebe dich", sofern sie nicht gerade allergisch auf Blumen reagieren. Die entsprechende Wirkung erzielt ein Anruf im Büro: „Hallo, Liebes, ich freue mich schon auf heute abend, wenn du nach Hause kommst." Ein netter Abend im sorgfältig ausgewählten Restaurant sagt der Hausfrau, die sonst das Essen richtet: „Danke schön für all deine Mühe."

Wie lange ist es her, daß Sie Ihrem treuen Ehepartner einen Liebesbrief geschrieben haben? „Machen Sie keine Witze", höre ich jemand einwenden. „Ich sehe ihn doch jeden Tag! Wozu denn schreiben?" Weil Sie in einem Liebesbrief Dinge niederschreiben, die Sie niemals sagen würden. Pro Monat ein Liebesbrief erhält Ihre Ehe jung und dynamisch.

Wie wäre es, wenn Sie sich ein paar konkrete Ziele in diesem Bereich setzen würden? Vielleicht gibt es ja eine kleine Geste, durch die Sie tagtäglich Ihrem Partner Ihre Zuneigung zeigen können. Dazu sagen Sie dann: „Ich liebe dich noch immer." Seien Sie nicht wie der alte Mann, der mir erzählte: „Ich habe meiner Frau gesagt, daß ich sie liebe, als ich um ihre Hand anhielt. Wenn ich irgendwann mal meine Meinung ändern sollte, werde ich es sie schon wissen lassen." Liebe ist kein einmaliger Akt, sondern ein Lebensstil.

Die Liebe ist höflich. Höflich heißt ja eigentlich „mit Umgangsformen wie am königlichen Hof". Es sind die kleinen Dinge, die hier zählen. Gehen Sie mit anderen oft höflicher um als mit Ihrem Partner? Möglicherweise würde es Ihre Frau gar nicht schätzen, wenn Sie ihr die Wagentür öffnen. Doch bevor sie einfach davon ausgehen, sollten Sie lieber erst einmal nachfragen. Es ist nur eine kleine Geste, aber so mancher Frau gibt sie das Gefühl, geschätzt und geachtet zu werden.

Meine Frau hat mir gleich zu Anfang unserer Ehe eine entsprechende Lektion erteilt: Als wir jung verheiratet waren, weigerte sie sich rundweg auszusteigen, wenn ich ihr die Wagentür nicht öffnete. An einem Sonntag war ich bereits im Gemeindefoyer, als ich bemerkte, daß sie noch draußen im Auto saß.

Die Liebe ist nicht eigensüchtig. Die Liebe hat immer das Wohl des Geliebten im Auge. Wenn der Mann mit der inneren Einstellung leben würde, er sei mit dafür verantwortlich, daß sich seine Partnerin in ihrer Persönlichkeit frei entfalten kann, und wenn die Frau umgekehrt die Sicht dafür hätte, daß auch sie wesentlich dazu beitragen kann, daß ihr Mann das Beste aus sich macht, dann würden sie beide dem biblischen Ideal entsprechen.

Vielleicht meinen Sie, die Liebe, wie wir sie hier beschrieben haben, sei übernatürlich. Sie haben recht! Nach menschlicher Norm lieben wir nur diejenigen, von denen wir Gegenliebe erwarten können. Jesus aber spricht: „Denn wenn ihr liebt, die euch lieben, welchen Lohn habt ihr? Tun nicht auch die Zöllner dasselbe?“ (Matthäus 5,46). Um einen Partner zu lieben, der auch Sie liebt, brauchen Sie die Hilfe Gottes nicht. Das ist nur allzu natürlich. Jesus aber ruft uns auf, sogar unsere Feinde zu lieben (Matthäus 5,44).

Schlimmer als ein Feind kann Ihr Partner ja auch nicht sein. Nun wissen Sie, was Sie zu tun haben. Gott möchte durch Sie seine Liebe weitergeben. Wollen Sie ihm die Gelegenheit geben, die Macht der Liebe unter Beweis zu stellen? Kümmern Sie sich nicht um Ihre Gefühle. Verdammen Sie sich nicht für Ihre negativen Regungen. Lassen Sie die Liebe in Wort und Tat durch die Kraft des Heiligen Geistes sichtbar werden. Dann werden Ihre Gefühle sich sehr bald Ihrer neuen Gesinnung anpassen. Und wenn dann irgendwann Ihre Liebe erwidert wird, stellt sich vielleicht auch wieder das „Kribbeln im Bauch“ ein. Die Liebe ist keine unbeeinflußbare Macht des Schicksals für Sie, wenn Sie an Jesus Christus glauben.

Und noch eine Herausforderung

Schließlich lesen wir noch in 1. Petrus 4,8: „Denn die Liebe bedeckt eine Menge von Sünden." In die Umgangssprache von heute übertragen, würde man vielleicht sagen: „Die Liebe sieht über viele Fehler hinweg." Die Liebe erwartet vom Partner keine Vollkommenheit. Es gibt immer Dinge, die Ihr Partner nicht ablegen will oder kann. Wir empfinden sie durchaus als Mangel in unserer Ehe, wenn sie uns nicht behagen. Ich möchte ein Beispiel aus meiner eigenen Ehe geben:

Wir waren schon ein paar Jahre verheiratet, als mir auffiel, daß meine Frau Schubladen öffnete, sie aber hinterher nicht wieder zuschob. Ich weiß nicht, ob ich es in den ersten drei Jahren einfach übersehen hatte oder ob hier plötzlich ein neues Verhaltensmuster zutage trat. Auf jeden Fall störte es mich plötzlich sehr.

Ich dachte, wir würden das Ganze wie zwei erwachsene Menschen regeln können, und so erzählte ich ihr von meinem Unwillen und bat sie, die Sache abzustellen. In der darauffolgenden Woche war ich immer ganz gespannt, wenn ich unsere Wohnung betrat. Aber zu meiner Bestürzung hatte sich nichts geändert.

Jedesmal, wenn ich eine geöffnete Schublade sah, kochte ich vor Wut. Manchmal explodierte ich auch. Ich hatte Tage, da mußte ich mir Luft machen, und ein andermal litt ich still. Ich konnte es einfach nicht fassen.

Nach ein paar Monaten entschloß ich mich, meine didaktischen Fähigkeiten einzusetzen. Ich wollte nicht nur predigen, sondern auch gleich am praktischen Beispiel demonstrieren. Vielleicht würde ja der visuelle Eindruck haften bleiben. Ich ging ins Badezimmer, entleerte die oberste Kommodenschublade, zog sie ganz heraus und zeigte ihr die kleinen Rollen, die präzise in einer Schiene liefen und so das Schließen ganz leicht machten. Ich merkte, daß sie begriff, worauf ich hinauswollte, und daß es mir ernst war.

In der darauffolgenden Woche wartete ich gespannt, ob sich etwas ändern würde. Aber es tat sich nichts! Es vergingen noch Wochen, und jedesmal, wenn ich eine offene Schublade entdeckte, kochte ich innerlich.

Als ich dann eines Tages nach Hause kam, erfuhr ich, daß unsere kleine Tochter gestolpert war und sich an einer offenen Schublade eine Augenverletzung zugezogen hatte. Karolyn hatte sie ins Krankenhaus gebracht, wo sie mit ansehen mußte, wie der Arzt die Wunde nähte. Und es quälte sie der Gedanke, ob wohl eine häßliche Narbe zurückbleiben oder sogar das Sehvermögen eingeschränkt sein würde.

Als Karolyn mir die Geschichte erzählte, behielt ich meine Gefühle für mich. Ein bißchen schadenfroh war ich schon. Ich sprach das Thema bewußt nicht an, aber ich war mir sicher, daß sie von nun an die Schubladen nicht mehr offenstehen lassen würde. Dies war nun sicher ein Anlaß zum Umdenken. Jetzt würde sich etwas ändern. Aber – sie dachte gar nicht daran!

Ein paar Tage später kam mir der Gedanke, daß sie sich wohl nie mehr ändern würde. Also setzte ich mich hin und überprüfte, welche Alternativen mir blieben. Ich schrieb sie auf: 1. Ich könnte sie verlassen. 2. Ich könnte mich jedesmal ärgern, wenn ich eine offene Schublade sehe, bis ich einmal sterbe oder sie gestorben ist. 3. Ich könnte mich mit ihrer Art abfinden und selber die Aufgabe übernehmen, die offenen Schubladen zuzuschieben.

Die erste Alternative schloß ich von vornherein aus. Dann schaute ich mir die zweite Möglichkeit an. Mir wurde klar, daß ich mich den größten Teil meines restlichen Lebens ärgern müßte, wenn mir jede offene Schublade ein Dorn im Auge wäre. So kam ich zu dem Schluß, daß Alternative drei wohl immer noch die beste für mich sei.

Ich hatte mich entschieden und ging zu Karolyn, um ihr meinen Entschluß mitzuteilen. „Karolyn", sagte ich, „du kennst ja das Problem mit den Schubladen."

„Fang bloß nicht wieder damit an, Gary", erwiderte sie.

„Nein, nein. Das will ich auch gar nicht. Ich habe nämlich eine Lösung. Du brauchst dir in Zukunft keine Gedanken mehr darüber zu machen. Ich erwarte nicht mehr von dir, daß du die Schubladen zuschiebst. Ich akzeptiere, daß dies in Zukunft meine Aufgabe ist. Unser Schubladenproblem ist gelöst!"

Bis heute haben mich offene Schubladen niemals mehr gestört. Es regt sich nichts mehr in mir – kein Groll, kein Zorn. Ich schließe sie – und das ist alles. Ich habe es als Aufgabe übernommen. Wenn ich heute abend nach Hause komme, dann warten garantiert ein paar offene Kommoden und Schränke auf mich. Ich schiebe alle Laden zu, und alles ist in bester Ordnung.

Was will ich mit diesem Beispiel sagen? In einer Ehe wird es immer Dinge geben, die Sie am Partner nicht mögen. Es mag die Art sein, wie er die Handtücher aufhängt, die Zahnpastatuben ausdrückt oder das Toilettenpapier einhängt.

Zunächst einmal sollten Sie darum bitten, daß der andere sich ändert. Aber seien Sie sicher, daß es immer Dinge gibt, wo der Partner sich nicht ändern will oder kann. Und das ist die Situation, in der die Liebe „vieles ertragen kann". Sie allein entscheiden über die Grenzen Ihrer Toleranz.

Es gibt sicher einige unter meinen Lesern, die sich bereits mehr als zwanzig Jahre über solche Nebensächlichkeiten wie offene Schubladen streiten. Ist dies nicht vielleicht der richtige Augenblick, einen Waffenstillstand zu vereinbaren und eine Liste von Ärgernissen aufzustellen, die Sie bereit sind hinzunehmen? Ich möchte Sie ja nicht entmutigen, aber Ihr Ehepartner wird niemals vollkommen sein. Er oder sie wird niemals alles so machen, wie Sie es sich vorstellen. Die beste Alternative ist deshalb immer noch die Toleranz aus einem liebenden Herzen heraus!

Übungen und Fragen, die weiterhelfen

Für Ehepaare:

1. Nachdem Sie Ihre Fehler bekannt, Gottes Vergebung angenommen und Ihren Partner um Vergebung gebeten haben, sollten Sie Gott bitten, Sie als Kanal seiner Liebe für Ihren Partner zu gebrauchen. Bitten Sie ihn, Sie mit seinem Geist und seiner Liebe zu erfüllen. (Gott wird dieses Gebet erhören, denn er hat uns wissen lassen, daß es ganz und gar seinem Wunsch entspricht – Epheser 5,18.25; Titus 2,3-4).

2. Lassen Sie sich nicht immer von Ihren Gefühlen leiten. Sie müssen nichts Besonderes „fühlen“, um Ihren Partner zu lieben. Vielleicht verändern sich die Gefühle ja zum Positiven, weil Sie sich engagieren. Aber sie sollten nicht Ihr Handeln bestimmen. Machen Sie es zu Ihrer persönlichen Entscheidung, den Partner zu lieben, ob das Ihren Gefühlen entspricht oder nicht.

3. Nehmen Sie sich vor, mindestens einen Monat lang ganz bewußt jeden Tag dem Partner durch Worte oder nette Gesten Ihre Liebe zu zeigen. Lesen Sie noch einmal die Abschnitte „Liebe durch Worte“ und „Liebe durch Taten“ durch. Wie wäre es, wenn Sie gleich morgen mit einem täglichen Kompliment oder Lob beginnen?

4. Lassen Sie es nicht zu, daß die Reaktion des Partners Ihre Liebe zerstört. Was immer Ihr Partner tut, er kann gegen Ihre Liebe nichts ausrichten, solange Sie ganz bewußt an ihr festhalten. Warum sollten Sie aufhören zu lieben, wo doch die Liebe die stärkste Waffe im Kampf um Ihre Ehe ist?

5. Überlegen Sie, ob es nicht möglich ist, Fehler Ihres Partners zu übersehen, die Sie schon jahrelang geärgert haben. Wenn Sie sich entschließen, etwas hinzunehmen, dann sollten Sie dies auf jeden Fall Ihren Partner wissen lassen. Die Entscheidung zur Toleranz wird Sie persönlich reifen lassen.

6. Nur ganz wenige Menschen widerstehen länger als ein Jahr solch einem Ansturm der Liebe. Deshalb beginnen Sie noch heute! Viele haben erlebt, daß schon nach wenigen Wochen die Liebe Gegenliebe gebiert und daß damit eine verloren geglaubte Ehe zu neuem Leben erwachte.

Für Verlobte und solche, die es werden wollen:

1. Analysieren Sie, wie sich die Liebe in Ihrer Beziehung bemerkbar macht. Ziehen Sie auf einem Blatt Papier fünf Spalten mit folgenden Überschriften: Geduld – Freundlichkeit – Höflichkeit – Toleranz – Wohlwollen. Tragen Sie in jede Spalte ein, wie Sie persönlich diesem Anspruch der Liebe gerecht werden. Seien Sie so konkret wie möglich. Woran erkennt man, daß Sie zu diesen Formen der Liebe fähig sind?

2. Führen Sie auf einem weiteren Blatt Papier dieselbe Analyse für die Person aus, die Sie einmal heiraten möchten. Woran erkennt man, daß der andere Sie liebt?

3. Geben Sie auch Ihrem zukünftigen Partner dieses Kapitel zu lesen, und bitten Sie ihn, seinerseits Ihre Liebe zu testen. Vergleichen Sie Ihre Ergebnisse, und nehmen Sie sie als Grundlage für ein ernstes Gespräch. Haben Sie das Gefühl, daß Ihre Liebe sich vertieft? Womit begründen Sie die Überzeugung, daß das auch nach der Hochzeit so weitergehen wird?

6. Kommunikation in der Ehe

„Kommunikation oder Nichtkommunikation, das ist hier die Frage." Und es ist die Schlüsselfrage, die über Erfolg oder Mißerfolg einer Ehe entscheidet. Norman Wright weist darauf hin, daß nach den Erfahrungen der Ehe- und Familienseelsorger bei 50 % aller hilfesuchenden Paare das Problem der nicht zur Kommunikation bereite Ehemann ist.[1] Und da fragt man sich natürlich, ob nicht auch bei all den Paaren, die nicht zur Eheberatung kommen, der Mangel an Kommunikationsfähigkeit das fehlende Bindeglied ist. Ich möchte hier allerdings nicht nur den Männern gegenüber den warnenden Zeigefinger erheben, denn es machen sich durchaus auch Frauen des Rückzugs aus der Beziehung schuldig.

Wenn wir aufhören zu kommunizieren, dann bauen wir einen Staudamm für den Zufluß frischen Wassers, das unser Leben bereichert, und es bildet sich ein stehendes Gewässer, in dem nur noch Selbstmitleid gedeiht. Wir fühlen uns einsam, weil wir einsam sind. Wir haben unserem Partner die Tür unseres Lebens gewiesen und wollen ihn nicht mehr an unserem Leben teilhaben lassen. Vielleicht teilen wir noch die Wohnung, doch wir leben darin wie zwei Singles und nicht mehr als lebendige Einheit. Das ist genau das Gegenteil von dem, was Gott gewollt hat. Am Anfang sprach er: „Es ist nicht gut, daß der Mensch allein sei" (1. Mose 2,18). Doch es gibt so viele Menschen, die in der Ehe allein sind. Und das tut niemandem gut.

Im Gegensatz zu den hochfliegenden Träumen, die wir noch vor der Hochzeit haben, stellt sich Kommunikation nicht von allein ein. Sie ist aber auch nicht, wie so manches Paar zu glauben meint, eine Illusion. Wenn wir eins werden wollen, müssen wir kommunizieren. Vertrauen wir uns jedoch dem Partner nicht rückhaltlos an, wird er uns niemals richtig kennenlernen. Das wollte auch der Apostel Paulus sagen, als er der Gemeinde in Korinth schrieb: „Denn wer von den Menschen weiß, was im Menschen ist, als nur der Geist des Menschen, der in ihm ist? So hat auch niemand erkannt, was in Gott ist, als nur der Geist Gottes" (1. Korinther 2,11).

So wie wir niemals etwas über Gott erfahren hätten, wenn er sich nicht durch den Heiligen Geist kundgetan hätte, so werden auch wir nichts übereinander erfahren, wenn wir nicht miteinander reden.

„Er ist für mich wie ein offenes Buch", können wir vielleicht nach fünfzig Ehejahren sagen, in denen der offene Gedankenaustausch die Regel war. Aber in den ersten Jahren einer Ehe wird man diese Feststellung kaum treffen können.

Wie Sie aus Erfahrung wissen, kann Ihre Frau keineswegs Ihre Gedanken lesen. Wenn sie etwas über Ihr Leben erfahren soll, dann müssen Sie es ihr schon mitteilen. Sie müssen sie zu sich einlassen. Wenn Ihr Mann etwas über Ihre Ängste oder die Freuden im Leben wissen soll, müssen Sie die Initiative ergreifen und mit ihm reden.

Kommunikation ist ein Willensakt. Bestätigt wird das in 2. Korinther 6,11-13, wo Paulus schreibt: „Unser Mund hat sich euch gegenüber aufgetan . . . werdet auch ihr weit!" Es ist unsere ganz persönliche Entscheidung, ins Gespräch zu kommen oder uns auszuschweigen. Es gibt also keine Grundlage für die Aussage: „Ich kann mit meinem Partner nicht reden, weil ich von Natur aus ein schweigsamer Typ bin."

Es stimmt natürlich, daß so mancher einen Charakter wie das „Tote Meer" hat. Solche Menschen sind vollauf damit zufrieden, Gedanken und Gefühle für sich zu behalten und mit niemandem darüber zu sprechen. Es fehlt der Antrieb zum Reden. Andere sind die geborenen Schwätzer. Wie bei einem plätschernden Bach fließt alles, was hereinkommt, sofort wieder ab. Zwischen Idee und Redeschwall vergehen oft kaum Sekunden. Dem „Toten Meer" wird es immer schwererfallen, sich zu äußern, als dem „plätschernden Bach". Doch der „plätschernde Bach" hat auch sein Problem: Er muß es lernen zuzuhören.

Reden und Zuhören sind die beiden unabdingbaren Voraussetzungen für effektive Kommunikation. Jeder von uns tendiert bei seiner eigenen Persönlichkeitsorientierung in eine der beiden Richtungen. Jeder hat also sein Kommunikationsproblem. Aber sofern der Wille dazu da ist, können wir alle miteinander ins Gespräch kommen.

Unsere Persönlichkeit mag die eigene Fähigkeit zur Kommunikation entweder fördern oder behindern, aber ganz ausschalten wird sie sie nie. Ich habe immer die Wahl, ob ich mein Herz ausschütte oder die Türen hinter mir verschließe. Ich kann niemand anders oder besonderen Umständen die Schuld geben, wenn es nicht funktioniert. Wenn ich verschlossen bin, ist dies meine Entscheidung, die darüber hinaus noch dem Gebot Gottes zur Einheit zwischen den Ehepartnern zuwiderläuft. Eine eheliche Gemeinschaft wird niemals ihr Optimum erreichen, solange nicht beide Partner den Gedankenaustausch suchen und pflegen.

Ebenen der Kommunikation

Es gibt verschiedene Ebenen der Kommunikation, von denen keine unwichtiger ist als die andere. Aber einige sind schwerer zu meistern. Beginnen wir mit der einfachsten Form – dem Gedankenaustausch über alltägliche Ereignisse.

Vor einiger Zeit berichtete mir eine Frau über Probleme in diesem Bereich. Ihr Mann hatte einen Beruf, bei dem es unumgänglich war, nach drei Tagen am Ort auch drei Tage auswärts zu arbeiten. Wenn er danach heimkehrte, fragte sie ihn gewöhnlich, wie alles gelaufen sei. Und er antwortete mit nur einem einzigen Wort: „Gut!"

„Da ist er drei Tage fort, und ich bekomme nur ein kurzes ‚Gut' zur Antwort. Das ist natürlich sehr informativ!"

Können Sie sich vorstellen, was diese Frau im Grunde bedrückt? Drei Tage lang nimmt sie überhaupt nicht am Leben ihres Mannes teil, und ein kurz angebundenes „Gut!" überbrückt nicht die Kluft. Seine Reaktion ist vielen Ehemännern sicher nicht fremd. Auch sie denken: „Alles, was mit meiner Arbeit zu tun hat, soll im Büro bleiben. Ich will nichts mit nach Hause nehmen und dort alles noch einmal durchkauen."

Auch wenn sich die meisten Ehemänner hier solidarisieren, so übersehen sie doch einen wichtigen Faktor: Die Einheit mit der Frau bleibt auf der Strecke. Dafür lohnt es sich allemal, die Energie aufzubringen, zusammen mit der Frau die Ereignisse des Tages noch einmal Revue passieren zu lassen.

Mein Vorschlag an die jungen Paare, die Probleme mit dieser Ebene der Kommunikation haben, ist, sich ganz bewußt ein paar Wochen lang die Mühe zu machen, nach Abwesenheit des Partners jedes Detail zu berichten: „Ich bin also ins Auto gestiegen und bis zum Stop-Schild gefahren. Dort links abgebogen ... Im Büro habe ich dann meinen Mantel an den Ständer hinter der Tür gehängt ..." Das ist natürlich ein bißchen übertrieben, aber ich denke, Sie haben verstanden, worauf ich hinauswollte. Erzählen Sie ganz ausführlich, was Sie erleben. Nach ein paar Tagen werden Sie dann in der Lage sein, die entscheidenden Ereignisse ganz bewußt auszuwählen. Reden Sie aber nicht nur über die Ereignisse selbst, sondern auch darüber, was Sie dabei empfunden haben. Ihr Partner wird sich mit einbezogen fühlen und das Einssein mit Ihnen bewußt erleben. Ihr Beruf ist schließlich nicht nur ein Job, um die Brötchen zu verdienen, sondern ein Teil Ihres Lebens. Wenn der andere kaum etwas darüber erfährt, erfährt er auch wenig über Ihr Leben.

Aber die Ehefrau sollte sich genauso in die Pflicht genommen fühlen wie ihr Mann. Ob Sie nun zu Hause waren oder irgendwo draußen, es sind eine Reihe von Stunden vergangen, die Sie getrennt von Ihrem Mann verbracht haben. Er wird darüber nichts erfahren, solange Sie ihm nichts erzählen.

Wenn beide berufstätig sind, ist es sicher sinnvoll, auch einmal den Arbeitsplatz des anderen zu besichtigen. Durch diesen persönlichen Eindruck wird es Ihrem Partner besser gelingen, Dinge nachzuvollziehen, die Sie ihm von Ihrer Arbeit berichten.

Machen Sie sich gegenseitig mit den Kollegen bekannt, so daß sich der andere besser vorstellen kann, wer Georg ist, wenn Sie von Georg erzählen. Sie haben nun ein konkretes Bild vor Augen, wenn Ihr Mann erzählt, daß Georg schlechter Laune war. Dadurch verstärkt sich die Identifikation mit dem Beruf des anderen.

Fragen sind ein wichtiger Auslöser für gute Gespräche. Wenn der Mann nach Hause kommt und seine Frau sich nicht danach erkundigt, wie der Tag war, dann entsteht bei ihm vielleicht der Eindruck, seine Frau interessiere sich gar nicht für seine Arbeit. Und wenn sich umgekehrt der Mann niemals nach den Aktivitäten seiner Frau erkundigt, fühlt sie sich eines Tages auch unbeachtet und ungeliebt. Wir müssen uns fragen, wieviel Einheit wir in unserer Ehe wollen. Wünschen wir uns eine Ehe, die uns alles gibt, was wir brauchen, dann müssen wir miteinander kommunizieren. Und der Einstieg dazu gelingt am besten, wenn wir uns nach den Dingen erkundigen, die dem anderen in seinem täglichen Leben begegnen.

Die zweite Ebene der Kommunikation sind die Diskussionen über Probleme und wichtige Entscheidungen. Weil ich diesem Thema ein ganzes Kapitel gewidmet habe, möchte ich hier nicht näher darauf eingehen. Eins sei allerdings schon angemerkt: Es ist dies die Ebene, auf der es am leichtesten in einer Ehe zu Konflikten kommt.

Ich habe in meiner Seelsorge oft Paare mit Kommunikationsproblemen. Wenn ich dann frage, ob sie diese Probleme schon vor der Hochzeit hatten, bekomme ich sehr häufig zur Antwort: „Überhaupt nicht! Wir konnten über alles reden."

Wie kommt es, daß Menschen, die eben noch keine Probleme hatten, plötzlich den Mund nicht mehr aufbekommen? Der Grund ist ganz einfach: Vor der Hochzeit mußten kaum Entscheidungen von großer Tragweite getroffen werden. Man konnte zwanglos über alles mögliche diskutieren. Dann ging jeder nach Hause und tat, wie es ihm gefiel. Nun aber leben die beiden zusammen und bemühen sich um Einheit. Mit dem Meinungsaustausch ist es nicht mehr getan. Am Ende muß eine Entscheidung stehen, die meist beide betrifft. Weil man sich nicht einigen kann, kommt das Gespräch zum Erliegen. Und schließlich stellen sich alle möglichen Probleme ein.

Die dritte Ebene der Kommunikation ist der Interessenausgleich im Konfliktfall. Wenn die Gemüter sich erhitzen, nimmt der Verstand seinen Hut und die Emotion besteigt den Thron. Dann ist das Chaos programmiert. Was aber können wir tun, um das Chaos zu verhindern und geeint aus solchen Konflikten hervorzugehen?

An einem warmen Tag im August vor vielen Jahren besuchten meine damalige Verlobte und ich den Pastor, der uns trauen sollte. Zum Essen saßen wir unter einer gewaltigen alten Eiche. Und dort gab er uns einen Rat, den ich niemals vergessen werde: „Wenn es Ärger gibt, solltet ihr euch an eine eiserne Regel halten: Redet immer nur abwechselnd – einer nach dem anderen." Er erläuterte dann, was er meinte: Ich sollte drei bis fünf Minuten bekommen, um meinen Standpunkt ohne Unterbrechung erläutern zu können. (Alle „Aber" verboten!) Dann sollte meine Frau drei bis fünf Minuten bekommen, um ihre Sicht der Dinge darzustellen. So sollte es abwechselnd weitergehen, bis alles ausgesprochen sein würde.

An jenem schönen Augusttag konnte ich mir nicht vorstellen, daß es bei der perfekten Ehefrau, die Gott mir gegeben hatte, je nötig sein würde, mich dieser Technik zu bedienen. Warum sollte ich denn überhaupt einmal so wütend auf sie sein? Doch ich wurde allzubald eines Besseren belehrt, und in kürzester Zeit beherrschte ich die Technik der Wechselrede meisterhaft. Seitdem habe ich sie Hunderten von jungen Paaren beigebracht. Sie löst den Konflikt nicht, aber sie vermeidet Überhitzung, so daß man besser an das Problem herankommt. Norman Wright schreibt folgendes über das Lösen von Problemen:

> Es gibt eine alte Geschichte über einen Schafhirten in Wyoming, der das Verhalten wilder Tiere im Winter genau beobachtete. Immer wieder kam es vor, daß ganze Rudel wilder Wölfe ins Tal einfielen und die Wildpferdherden dort attackierten. Wenn das geschah, bildeten die Pferde einen Kreis, wobei sie nebeneinan-

der, mit dem Kopf zum Kreismittelpunkt standen, so daß sie in Richtung der Wölfe ausschlagen und sie damit vertreiben konnten. Ein andermal beobachtete der Schafhirte, wie eine kleine Herde von Wildeseln von Wölfen angegriffen wurde. Auch diese Tiere bildeten einen Kreis, allerdings mit den Köpfen nach außen. Und auch sie schlugen aus, wobei sie sich allerdings gegenseitig traten. Die Menschen haben die Wahl, ob sie so klug wie die Wildpferde sein wollen oder so dumm wie die Esel. Sie können nach dem Problem schlagen oder sich gegenseitig treten.[2]

Ich möchte noch ein paar weitere praktische Vorschläge machen. Wenn Ihr Partner redet, sollten Sie auch tatsächlich hinhören. Dr. John Drakeford hat ein Buch über die wichtige Rolle des guten Zuhörers geschrieben.[3] Die meisten von uns haben ihre Fähigkeit zum richtigen Hinhören niemals voll entwickelt. So schreibt Jakobus: „Jeder Mensch sei schnell zum Hören" (Jakobus 1,19). Reden hat wenig Sinn, wenn niemand zuhört. Solange Ihr Partner redet, sollten Sie ihm Ihre Aufmerksamkeit schenken. Nutzen Sie die Zeit nicht allein dafür, Ihren Revolver nachzuladen. Sie können nicht konzentriert zuhören, wenn Sie angestrengt nachdenken. Es wird Ihnen schon noch genug einfallen, wenn Sie wieder an der Reihe sind.

Achten Sie auf die Fakten, die der andere vorbringt, und auf die Gefühle, die Sie zwischen den Zeilen mitbekommen. Versuchen Sie herauszuhören, welche Motive hinter diesen Gefühlsäußerungen stecken könnten. Dann nämlich können Sie antworten: „Jetzt wird mir klar, wie du darauf kommst. Ich verstehe dich. Ich will dir sagen, wie ich dazu gekommen bin." Das hilft weiter! Und anschließend können Sie ausführlich Ihren eigenen Standpunkt klarlegen. Beschleicht Sie aber das Gefühl, Sie könnten doch unrecht haben, dann sollten Sie Ihren Irrtum auch freimütig zugeben.

Fragen Sie sich zwischendurch immer wieder: Welche Bedürfnisse hat mein Partner, die ich nicht stille? Ihre Frau beklagt sich vielleicht darüber, daß Sie schon an drei Abenden zu spät zum Essen gekommen sind. Doch das Motiv dahinter mag das Gefühl sein, nicht mehr richtig geliebt zu werden. Wir alle sehnen uns nach dem Gefühl, geliebt zu werden. Und ein Mensch ist subjektiv ungeliebt, wenn er das Gefühl hat, ungeliebt zu sein. Was kann man dagegen tun? Sie haben durchaus die Fähigkeit, die Bedürfnisse des Partners zu stillen. Schon wenn Sie sich das als Ziel setzen, folgen Sie der biblischen Ermahnung in Philipper 2,3-4: „[Tut] nichts aus Eigennutz oder eitler Ruhmsucht, sondern daß in der Demut einer den anderen höher achtet als sich selbst; ein jeder sehe nicht auf das Seine, sondern ein jeder auch auf das der anderen."

Blockaden überwinden

Weil es eine ganze Reihe von Gesprächsblockaden gibt, möchte ich ein paar Ratschläge geben, die sehr praxisbezogen sind und deshalb auch ganz konkret Ihr persönliches Problem ansprechen können.

„Mein Partner redet nicht mit mir!"

Das ist wohl die Klage, die ich am häufigsten zu hören bekomme. In den meisten Fällen ist es der Ehemann, der sich beharrlich ausschweigt. Allerdings ist es keine Eigenschaft, die nur bei Männern anzutreffen ist. Es gibt auch viele Frauen, die es einfach bequemer finden, die Vorhänge ihrer Seele zuzuziehen. Ich möchte gleich zu Anfang darauf hinweisen, daß solche Verschwiegenheit kein untrügliches Zeichen für eine seelische Erkrankung ist. Ich kenne Männer, die sich ihrer Verschlossenheit der eigenen Frau und anderen Menschen gegenüber bewußt geworden sind und dann geglaubt haben, sie seien unheilbar geisteskrank. Das ist nicht der Fall!

Wir alle haben unsere Stärken und Schwächen. Und auch wenn wir an der Vergangenheit nichts mehr ändern können, so sind wir doch in der Lage, unsere Zukunft mitzugestalten. Durch Erfahrungen in der Kindheit oder aus anderen Gründen sind wir vielleicht zu einer zurückgezogenen, nach innen gekehrten Persönlichkeit geworden. Das bedeutet aber nicht, daß wir es nicht mehr lernen können, uns zu öffnen und die Freuden einer innigen zwischenmenschlichen Beziehung zu genießen. Jedes Verhaltensmuster, das sich verfestigt hat, kann auch wieder aufgebrochen werden. Es muß allerdings unsere Überzeugung sein, daß das Einswerden in der Ehe die Mühsal solcher Veränderungen wert ist.

Den ersten Schritt tun wir am besten, indem wir ein Gespräch über unser Problem anfangen. In entspannter Atmosphäre könnten Sie mit Ihrem Partner etwa folgendermaßen reden: „Mir ist klargeworden, daß wir beide nicht so richtig eins werden können, weil es mir so schwerfällt, meine Gefühle preiszugeben. Ich behalte sehr viel für mich. Ich kann mich oft nicht überwinden, dir zu sagen, was ich wirklich fühle und denke. Ich weiß, daß das keine befriedigende Situation für dich ist. Denn schließlich kannst du keine Gedanken lesen. Ich möchte mich auf diesem Gebiet verändern. Aber dabei mußt du mir helfen. Ich habe zwar keine Vorstellung, wie du mir helfen kannst. Aber vielleicht hast du ja ein paar gute Ideen."

Erzählen Sie Ihrem Partner nun, was Sie Ihrer Meinung nach hindert, sich zu öffnen. Sagen Sie Ihrer Frau, daß Sie sich immer noch mehr verschließen, je mehr sie Sie bedrängt, doch endlich den Mund aufzumachen. (Viele Ehepartner sind sich dessen gar nicht bewußt.) Vielleicht sollte sie es mit ganz gezielten Fragen versuchen, Sie aus der Reserve zu locken. Ein Mann erzählte mir, worum er seine Frau gebeten hatte: „Hör bitte nicht auf, Fragen zu stellen, nur weil ich etwas kurz angebunden bin. Ich möchte ja eigentlich mehr erzählen, aber deine Fragen müssen mir einfach etwas auf die Sprünge helfen. Wenn du richtig fragst, erzähle ich dir am Ende alles."

Vielleicht hilft Ihr Partner Ihnen, indem er Sie öfter um Rat fragt. Es fällt uns allen eigentlich immer leicht, etwas von uns zu geben, wenn wir konkret um unsere Meinung, um unseren Rat gefragt werden, vor allem dann, wenn wir das Gefühl haben, er wird wirklich gebraucht. Hilfreich wäre es möglicherweise auch, wenn Ihre Frau sich etwas mehr für Ihre Arbeit oder Ihre Hobbys interessieren würde. Dann gäbe es einfach mehr Themen, über die Sie sich unterhalten könnten. Lesen Sie bestimmte Zeitschriften gemeinsam, schauen Sie sich dieselben Sendungen im Fernsehen an, oder besuchen Sie zusammen Volkshochschulkurse. Das verbindet und ist deshalb eine Investition, die sich allemal lohnt.

Vor ein paar Jahren schilderte mir eine Frau, wie es bei ihr zu Hause zuging: „Mein Mann ist Elektrotechniker. Wenn er von der Arbeit nach Hause kommt, verschwindet er gleich in seiner Werkstatt im Keller und kommt erst wieder herauf, wenn ich ihn zum Essen rufe. Am Tisch liest er dann fast immer die Zeitung. Und ganz selten spricht er ein Wort mit mir. Nach dem Abendessen verschwindet er wieder im Keller, bis wir ins Bett gehen.

Den ganzen Samstag über ist er in seiner Werkstatt anzutreffen, und der Sonntag wird mit Zeitunglesen und Fernsehen verbracht. Zwischen uns findet also so gut wie keine Kommunikation statt."

„Wie lange geht das schon so?" erkundigte ich mich.

„Fünf Jahre", antwortete sie. Fünf Jahre Schweigen! Ich fragte sie: „Verstehen Sie etwas von Elektrotechnik?"

„Ich habe nicht den leisesten Schimmer!"

„Dann möchte ich Ihnen einen Vorschlag machen. Das Institut für Elektrotechnik hier bei uns am Ort bietet einen Einführungslehrgang in Elektronik an. Ich wette, daß Ihr Mann mit Ihnen redet, wenn Sie gezielt eine Frage auf diesem Gebiet stellen können. Außerdem sind es Abendkurse. Da er in dieser Zeit ohnehin im Keller ist, würde er Sie noch nicht einmal vermissen!"

Haben Sie den Mut, das Problem anzusprechen und auch ungewöhnliche Wege zu gehen. Sollten Sie Mühe haben, in einem Gespräch die richtigen Worte zu finden, dann können Sie einen Brief schreiben, den der Partner in Ihrer Gegenwart lesen soll. Erst dann beginnen Sie Ihren Gedankenaustausch. Manchmal fällt es leichter, Gedanken schriftlich vorzuformulieren.

Doch wenn Sie sich selber nicht mitteilen, kommt Ihr Partner vielleicht gar nicht auf den Gedanken, daß etwas nicht stimmt.

Es kann aber auch genau umgekehrt sein: Der Partner redet wie ein Wasserfall, und Sie kommen nicht zu Wort. Dann muß er sich Gedanken machen, wie er seinen Redefluß bremst. Es gibt aber auch Zeitgenossen, die ihre Fragen immer gleich selber beantworten. Der andere fühlt sich völlig überflüssig dabei. Auf jeden Fall sollten wir den Rat von Jakobus beherzigen: „Jeder Mensch sei schnell zum Hören, langsam zum Reden" (Jakobus 1,19). Vielleicht kennen Sie ja auch die Anekdote von dem kleinen Jungen, der einen Aufsatz schreiben sollte und seinen Vater um Hilfe bat. Dieser sagte zu ihm: „Geh zu Mutti", worauf der Junge erwiderte: „So viele Seiten sollen es nun auch wieder nicht werden."

Wenn Sie glauben, das Gespräch in einem ganz anderen Bereich würde Ihnen guttun, dann sagen Sie es. Es geht schließlich darum, daß die Kommunikation mit Ihrem Partner wieder in Gang kommt. Vielleicht werden Ihre sexuellen Bedürfnisse nicht gestillt, und Sie haben einen gewissen Groll auf Ihren Partner entwickelt. Sie haben noch nie mit ihm darüber gesprochen, aber es hindert Sie daran, auch auf anderen Gebieten aus einem Vertrauensverhältnis heraus einen offenen Gedankenaustausch zu führen. Dann ist es höchste Zeit, das Thema anzusprechen. Auch wenn es schwerfällt – es wird Ihnen guttun!

Einen Rat möchte ich Ihnen noch geben: Sobald Sie Ihr Problem ausdiskutiert haben, sollten Sie gemeinsam ins Gebet gehen. Vielleicht möchten Sie nicht gleich laut beten. Aber still für sich können Sie ganz bestimmt mit dem Herrn reden. Sofern Sie sich aufs stille Gebet geeinigt haben, sollten Sie sich aber trotzdem bei den Händen fassen und gemeinsam Amen sagen.

„Ich fahre immer gleich aus der Haut!"

Wutanfälle sind ganz bestimmt ein Hindernis für gute Gespräche. Mit Wut im Bauch ist eine Verständigung sehr schwer. Ein erhöhter Adrenalinspiegel ist zwar an sich noch nichts Böses. So schreibt J. H. Jowett: „Einem Leben ohne die Fähigkeit zum Zorn fehlt die Kraft zu jeglicher Reform."[4] Die Wut auf Ungerechtigkeit und Ungleichheit unter den Menschen ist denn auch die Triebfeder für jede Sozialreform. Selbst Jesus war zuweilen aufgebracht und wütend (Markus 3,5).

Doch in den allermeisten Fällen sind wir nicht vom heiligen Zorn über Ungerechtigkeiten ergriffen, sondern schlicht und einfach nur deswegen wütend, weil unser selbstsüchtiges Herz aufgebracht ist. Jemand hat uns schief angesehen oder hat uns nicht Platz gemacht auf unserem Weg. Diese Art Zorn wird von der Schrift verurteilt (Epheser 4,31). Und selbst ein gerechter Zorn kann zu falschen Handlungen verleiten. Deshalb warnt uns Paulus in Epheser 4,26: „Zürnet, und sündigt dabei nicht!" Wir dürfen es nicht zulassen, daß der Zorn uns beherrscht und uns zu falschen Handlungen verleitet.

Den Ausbruch der Gefühle können wir vielleicht nicht steuern, aber unser Handeln danach durchaus. Deshalb haben wir auch keine Entschuldigung für rüdes Auftreten. Uns allen wollen zuweilen „die Pferde durchgehen". Wir sind aber aufgefordert, sie im Zaum zu halten.

Wie aber soll ich bei einem handfesten Ehekrach meine Wut beherrschen? Ich rate zu einer simplen Technik: zurückziehen und nachdenken! Wenn Sie merken, daß Sie zu kochen beginnen (dazu sind wir alle in der Lage), sollten Sie sich augenblicklich entscheiden, die Herrschaft zu behalten. Dann helfen ein paar Beschwichtigungsformeln: „Du, Schatz, ich hätte große Lust, dir die Meinung zu sagen. Aber vielleicht sage ich dann ein paar Gemeinheiten. Und das wollen wir letztlich beide nicht. Deshalb sollten wir jetzt abbrechen, bis ich mich wieder beruhigt habe." (Ich denke dabei allerdings nicht an Tage, sondern eher an Stunden oder sogar Minuten.) Die Bibel mahnt uns denn auch: „Die Sonne gehe nicht unter über eurem Zorn" (Epheser 4,26). Es geht hier nicht um Konfliktvermeidung, sondern um einen kurzzeitigen Rückzug, damit wir die Gefühle wieder in den Griff bekommen.

Sobald Sie sich zum Abkühlen zurückgezogen haben, sollten Sie Ihre Gedanken, Verhaltensweisen und Gefühle vor Gott bedenken. Versuchen Sie es niemals allein. Sie werden sonst unweigerlich zu falschen Schlüssen kommen. „Herr, wie konnte ich mich nur so aufregen?" Das ist eine der Fragen, die Sie sinnvollerweise in solch einer Situation an Gott stellen sollten. Bekennen Sie egoistische Motive, unberechtigte Auffassungen und andere Fehler zuerst Gott und dann Ihrem Partner.

Sobald Sie Ihren inneren Frieden gefunden haben, setzen Sie sich wieder zusammen, um in aller Ruhe das Problem zu besprechen. Achten Sie darauf, daß jeder ausreden kann. Für die meisten Probleme gibt es irgendeine Lösung. Doch wenn Sie Ihrem Ärger immer nur durch Schimpfkanonaden Luft machen, werden Sie das Problem nicht lösen, sondern nur noch verschlimmern.

„Mein Partner denkt immer nur zuerst an sich!"

Eine Frau erzählt: „Mein Mann ist derart egoistisch. Selbst wenn er mal ein paar Worte mit mir redet, spielt er sich als Rechthaber auf. Ich bin grundsätzlich das Dummerchen. Seine Auffassung von Kommunikation ist, mir Vorträge zu halten, wie etwas zu laufen hat."

Egoismus ist die am schwierigsten zu überwindende Barriere zur Einheit, und wir sind alle nicht frei davon. Er ist der Feind, der dem Zusammenwachsen in der Ehe entgegensteht. „Mein Standpunkt ist der richtige. Sonst wäre es ja nicht mein Standpunkt. Du glaubst doch nicht, ich würde einen falschen Standpunkt einnehmen!" So argumentieren wir.

Es gehört zur Natur des Menschen, seine eigenen Interessen zu vertreten. Doch als Christ sind wir neue Geschöpfe geworden, in denen der Heilige Geist wohnt. Deshalb hat jeder von uns die Wahl. Wir müssen uns nicht mehr unserer alten Wesensart beugen. Wir können uns auch dafür entscheiden, mit dem Heiligen Geist zusammenzuarbeiten und Dinge zu tun, die nicht immer nur unseren eigenen Interessen entsprechen. Das Gegenteil von Egoismus ist Liebe, die Agape-Liebe der Bibel. Sie verschenkt sich ohne Vorbedingungen dem Nächsten. Und diese Liebe ist das größte Geschenk, das ich meinem Partner machen kann.

Sie können natürlich den Egoismus Ihres Lebenspartners nicht unmittelbar beeinflussen. Deshalb müssen Sie bei sich selber anfangen. Doch wenn Sie selber aktiv werden, werden Sie Ihren Partner durch Ihr Vorbild beeindrucken. Sobald Sie es nicht mehr auf seinen Egoismus abgesehen haben, können Sie sich ganz darauf konzentrieren, Ihre eigene Selbstsucht zu besiegen.

„Ich möchte ihn doch nicht kränken!"

Viele Eheleute schrecken davor zurück, offen miteinander zu reden, weil sie den andern nicht kränken wollen. Sie glauben, der Partner würde ihre ehrliche Meinung nicht verkraften. Sie wollen also lieber Abstriche am Vertrauensverhältnis in Kauf nehmen, als die Beziehung ernstlich zu gefährden. Die meisten von uns waren wohl schon selber in dieser Zwickmühle. Wir fassen den andern nur noch mit Samthandschuhen an, weil wir glauben, unser Partner vertrage nicht mehr. Wie aber wollen wir reifen, wenn wir einander nichts zumuten?

Ich meine natürlich nicht, daß Sie am frühen Morgen, kurz vor dem Fortgehen, Ihrem Partner eine ausführliche Standpauke halten sollten. Zeit und Ort für eine Aussprache müssen schon sorgfältig gewählt werden. Das garantiert, daß es nicht zu Explosionen, sondern zu echter Kommunikation kommt.

In Römer 14,19 heißt es dazu: „So laßt uns nun dem nachstreben, was des Friedens ist, und dem, was zur gegenseitigen Erbauung dient." Unser Ziel muß also klar sein: Wir wollen den Partner auferbauen. „Die Liebe aber erbaut", heißt es in 1. Korinther 8,1.

Es ist immer klug, sich zu fragen, welche Motive das eigene Handeln bestimmen. Stecken Rachegefühle dahinter? Sie würden nur die Kluft vertiefen. Jeder von uns denkt zuweilen schlecht über seinen Partner. Aber selbst der Entschluß, offen und ehrlich zu sein, zwingt uns nicht, diese negativen Regungen immer zu offenbaren. Sie müssen erst gefiltert werden, und nur was „auferbaut", wird durchgelassen. Wenn sich aus der Kritik Bausteine formen lassen, dann äußern Sie sie! Sind es aber Bomben, dann entschärfen Sie sie, bevor sie alles in die Luft jagen, was Ihnen lieb und teuer ist.

In diesem Zusammenhang möchte ich darauf hinweisen, daß solche Aufbauhilfe zunächst oft gar nicht so willkommen ist, weil sie schmerzliche Prozesse auslöst. Persönliches Wachstum ist nicht ohne Leid zu haben. Denken Sie an Ihr eigenes Leben. Wie sehr haben Sie durch die freundliche, aber doch auch schmerzliche Kritik Ihrer Freunde profitiert! So lesen wir in Sprüche 27,6: „Treu gemeint sind die Schläge dessen, der liebt."

Wahre Liebe will immer, daß der andere sich positiv entwickelt, selbst wenn dies zunächst mit Leid verbunden ist. Niemand leidet gern. Und Ihr Partner wird die Wahrheit vielleicht nicht hören mögen. Doch wenn diese Unannehmlichkeiten die persönliche Reife fördern, dann hat sich der Aufwand gelohnt. Der Gedanke an das Messer des Chirurgen macht Angst. Aber wie oft ist es lebensrettend! Wir alle sind im Laufe unseres Lebens darauf angewiesen, uns immer wieder emotional und geistlich operieren zu lassen. Und der beste Chirurg, der uns behandeln kann, ist immer noch unser Partner.

Benutzen Sie die Offenheit aber nie als Vorwand, um all Ihr Unbehagen beim anderen loszuwerden und ihm die Schuld für all Ihr Unglück zu geben. Denken Sie immer daran: Freude oder Trübsinn sind Seelenzustände, auf die Sie Einfluß ausüben können. Ihr Lebenspartner wird zwar in der einen oder anderen Richtung hindernd oder fördernd wirken, aber die eigentliche Entscheidung liegt bei Ihnen.

Zum Schluß möchte ich noch darauf hinweisen, daß es nicht nötig ist, Ihren Partner immer nur mit Samthandschuhen anzufassen. Er muß von Ihnen nicht bemuttert werden. Was er braucht, ist ein Partner, der ihm die Wahrheit aus tiefer Zuneigung heraus in Liebe sagt. Überlegen Sie genau, welche Medizin Sie verabreichen wollen. Eine Überdosierung ist meistens schädlich. Niemand erträgt es, mit allen seinen Schwächen auf einmal konfrontiert zu werden. Auch Medizin muß über den Tag verteilt in kleinen Dosen eingenommen werden. Finden Sie heraus, wann der günstigste Zeitpunkt ist. Hunger und Müdigkeit am späten Abend sind niemals günstige Voraussetzungen. Fragen Sie doch einfach vorher, ob Ihr Partner gerade etwas konstruktive Kritik vertragen kann. Verabreichen Sie sie nicht, solange der Partner nicht aufnahmebereit ist.

Verpacken Sie Ihre Kritik in Komplimente. Ein biblisches Vorbild finden wir in Offenbarung 2,1-4. Christus sagt zu der Gemeinde in Ephesus: „Ich kenne deine Werke und deine Mühe und dein Ausharren ... Aber ich habe gegen dich, daß du deine erste Liebe verlassen hast."

Das Lob gibt mir das Gefühl, daß ich kein Versager bin. Im Grunde mache ich meine Sache ja ganz ordentlich. Deshalb bin ich auch motiviert, so manches noch besser zu machen. Bekomme ich die Kritik allerdings ohne ein Lob serviert, bin ich eher geneigt zu resignieren: Ich kann machen, was ich will, er/sie ist niemals zufrieden mit mir. Und dann bekomme ich immer noch eins übergezogen. Ich habe keine Lust mehr! So oder ähnlich werden wir denken.

„Ich kann ihm sowieso nicht das Wasser reichen!"

Der Mangel an Selbstwertgefühl ist eine der größten Barrieren für die Kommunikation zwischen Ehepartnern. Viele von uns sind aus den verschiedensten Gründen mit dem Gefühl aufgewachsen, weniger wert als andere zu sein. Wenn wir zurückschauen, fallen uns gleich alle möglichen Niederlagen ein, während die Erfolge weniger im Gedächtnis haften bleiben. Deshalb fühlen wir uns bei allem, was wir in Angriff nehmen, bedroht. Haben wir dann einen Partner zum Heiraten gefunden, verschweigen wir viele unserer Gedanken und Vorstellungen aus Angst vor weiterer Ablehnung und einer weiteren Niederlage. Dr. James Dobson schreibt dazu: „Mangelndes Selbstwertgefühl ist die Hauptursache für Depressionen bei Frauen."[5] Und er stellt des weiteren fest: „Ein Mangel an Selbstwertgefühl produziert mehr psychische Krankheitssymptome als jeder andere Faktor, den wir bisher kennen."[6]

Gibt es also keine Hoffnung für denjenigen, der sich selber als schwach und unfähig erlebt? Wenn dies so wäre, müßten große Teile unserer Gesellschaft ohne Aussicht auf Hilfe dahinvegetieren. Wie entsteht eigentlich unser Selbstbild? Wir beurteilen uns selber anhand des uns umgebenden gesellschaftlichen Systems. Wie Dr. Dobson betont, bewertet dieses System Schönheit, Klugheit und körperliche Fitneß über alle Maßen hoch.[7] Wer in diesen drei Bereichen versagt (auch wenn wir darauf oft gar keinen Einfluß haben), empfindet sich als Versager.

Doch könnte es sein, daß dieses Selbstbild gar nicht alle Fakten berücksichtigt? Vielleicht sind Sie keine Schönheitskönigin oder kein Adonis, vielleicht liegt Ihr Intelligenzquotient unter 100, oder Sie fangen keinen Ball, bevor er Ihnen die Nase eindrückt. Wie sollen Sie da viel von sich halten? Sehen Sie sich ganz einfach als normales Mitglied unserer Gemeinschaft von gewöhnlichen Sterblichen, die nach dem Bild Gottes geschaffen wurden. So viele Menschen in Ihrer Umgebung haben gegen dieses Gefühl, nichts wert zu sein, ankämpfen müssen – und sie haben gewonnen. Und das können Sie auch.

Natürlich haben Sie auch Schwächen. Sicher haben Sie Fehler gemacht. Aber Sie haben eben auch Ihre Stärken, und Sie können vieles erreichen, was Sie sich vornehmen. Vielleicht würden Sie die Aufnahmeprüfung zum Medizinstudium nicht schaffen, aber dafür streichen Sie Ihr Haus so ordentlich an, daß jeder Sie bewundert. Sie haben nicht die gleichen Fähigkeiten wie andere. Und das muß ja auch gar nicht sein. Gott hat keine Brotfabrik, wo ein Produkt dem anderen gleicht. Wir sind so verschieden wie Schneeflocken: Kein einziges Kristall gleicht dem anderen.

Machen Sie einfach das Beste aus sich, indem Sie Hand in Hand mit Gott zusammenarbeiten. Entfalten Sie Ihre Talente, und machen Sie sich keine Gedanken über Dinge, die Sie ohnehin nicht beeinflussen können. Sie sind ein wertvoller Mensch, weil Sie nach dem Bild Gottes geschaffen wurden. Ihr Wert richtet sich also nicht danach, was Sie vollbracht oder im Leben erfolgreich gemieden haben. Lassen Sie sich deshalb nicht von Ihren Gefühlen irremachen. Laden Sie all Ihre Minderwertigkeitsgefühle bei Gott ab. Und danken Sie ihm, daß Sie durch Christus nicht hilflos sind, weil er Sie stärkt (Philipper 4,13).

Wie kann man seinem Ehepartner, der an Minderwertigkeitsgefühlen leidet, helfen? Man sollte ihm durch persönliche Zuwendung Mut machen, die Vergangenheit Vergangenheit sein zu lassen und sich ganz an der Zukunft zu orientieren. Das ist Ehe: Man muß seine Lasten nicht mehr allein tragen (Galater 6,2). Dr. Dobson drückt dies folgendermaßen aus:

> Du hast es nicht leicht gehabt im Leben, und so manches Leid ist dir nicht erspart geblieben. Bis jetzt hast du in Krisensituationen niemand gehabt, der dir zur Seite stand. Und es gab Zeiten, da die Verzweiflung dich zu übermannen drohte. Von nun an möchte ich deine Lasten mittragen. Von diesem Augenblick an bin ich an dir als Mensch interessiert. Du verdienst meinen Respekt, und du sollst ihn bekommen. Ich möchte, daß du aufhörst, dir unnötig Gedanken und Sorgen zu machen. Wende dich statt dessen vertrauensvoll an mich. Gemeinsam sind wir stark – jetzt und in Zukunft. Und gemeinsam werden wir so manchen Ausweg finden.[8]

Wenn Ihr Partner das zu Ihnen sagt, dann bietet er Ihnen Liebe, Verständnis, Ermutigung und Wegweisung an. Das sind die besten Voraussetzungen, um Ihren Pessimismus endlich abzulegen. Optimismus aber bedeutet Fortschritt und Wachstum der Persönlichkeit.

Zusammenfassung

Kommunikation ist kein Luxus, sondern reine Notwendigkeit. Es gibt keine Einheit ohne sie. Die Barrieren sind zwar oft sehr hoch, aber keineswegs unüberwindlich. Und der Schlüssel zu allem ist Ihr eigener Wille. Mit dem Ziel einer harmonischen Ehe vor Augen müssen Sie den Willen aufbringen, im Gespräch zu bleiben, auch wenn Ihre Gefühle und Erinnerungen manchmal nicht mitspielen wollen. Das wird nicht ohne Anstrengungen und Unbehagen abgehen. Aber ohne Fleiß kein Preis. Die folgenden Ratschläge sollen Ihnen helfen, wenn Sie wirklich etwas verändern „wollen“.

Übungen und Fragen, die weiterhelfen

Für Ehepaare:

1. Versuchen Sie, Ihre Ehe objektiv zu beurteilen, und dann fragen Sie sich: „Bin ich mit dem Maß an Kommunikation zwischen uns beiden zufrieden?"

2. In welchen Bereichen muß die Kommunikation in Ihrer Ehe noch weiterentwickelt werden?

3. Wer ist der Gesprächigere in Ihrer Ehe?

4. Wenn es Ihnen schwerfällt, dem Partner gegenüber Ihre Gedanken und Gefühle auszusprechen, sollten Sie sich die Anregungen aus dem Abschnitt „Mein Partner redet nicht mit mir" zu Herzen nehmen. Denken Sie immer daran: Es ist noch kein Meister vom Himmel gefallen. Und ein altes chinesisches Sprichwort sagt: „Eine Reise von tausend Meilen beginnt mit dem allerersten Schritt."

5. Lesen Sie die einzelnen Abschnitte in diesem Kapitel noch einmal durch, und schreiben Sie jedesmal auf, was Sie in Ihrer konkreten Situation im Bereich der Kommunikation besser machen könnten. Machen Sie in gewissen Abständen eine Bestandsaufnahme. Was haben Sie erreicht?

6. Lesen Sie die einzelnen Abschnitte Ihrem Partner vor, und sprechen Sie darüber, welche Selbsterkenntnis jeder aus diesem Abschnitt gewonnen hat.

7. Bitten Sie Ihren Partner, Ihnen dabei zu helfen, noch offener über alles zu reden.

Für Verlobte und solche, die es werden wollen:

1. Finden Sie heraus, wie zwischen Ihnen und Ihrem Freund Kommunikation funktioniert. Welche Verhaltensmuster haben sich bereits herausgebildet? Die folgenden Fragen sollen Ihnen dabei helfen:
   a) Wem von uns beiden fällt es leichter, sich zu öffnen und über Probleme zu reden?

b) Findet zwischen uns wirklich ein Gedankenaustausch statt?
c) Reden wir immer nur über Belanglosigkeiten, oder sind wir in der Lage, wirklich unser Herz auszuschütten?
d) Welche Barrieren der Kommunikation gibt es bei uns?

2. Lesen Sie noch einmal dieses Kapitel Abschnitt für Abschnitt durch, und schreiben Sie Ihre Gedanken dazu auf, wie Sie die Kommunikation mit Ihrem zukünftigen Ehepartner noch weiterentwickeln könnten.

3. Lesen Sie die einzelnen Abschnitte Ihrem Partner vor, und sprechen Sie darüber, welche Selbsterkenntnis jeder aus diesem Abschnitt gewonnen hat.

4. Sprechen Sie darüber, was Sie tun könnten, um die Kommunikation zwischen Ihnen noch weiterzuentwickeln. Schreiben Sie sich konkrete Punkte auf. Prüfen Sie nach einem Monat nach, was sich zum Positiven verändert hat.

7. Wer wischt den Staub von der Kommode?

Die Flitterwochen sind vorüber. Bill und Mary haben gutbezahlte Jobs. Und heute, an ihrem ersten Arbeitstag, spendieren sie beide in ihren Firmen den üblichen Umtrunk. Den ganzen Tag über freuen sie sich auf ihren ersten gemeinsamen Abend im eigenen Heim.

Mary ist schon eine halbe Stunde eher da, und nachdem sie erst einmal einen kleinen Rundgang durch die Wohnung gemacht hat, fängt sie an, das Essen zu machen – ihr erstes! Sie ist noch beim Möhrenputzen, als Bill zur Tür hereinkommt. Er schlingt seine Arme um sie, hebt sie in die Höhe und gibt ihr einen leidenschaftlichen Kuß. Doch schon einen Augenblick später sitzt Bill in seinem Sessel im Wohnzimmer und blättert die Sportseiten durch.

Als das Essen fertig ist, ruft Mary ihn zu Tisch. Augenblicklich ist er zur Stelle, und frohgelaunt bemerkt er: „Mann, das riecht aber gut!" Sie schwatzen und lachen und erzählen, was die Kollegen so alles zum Besten gegeben haben. Gleich nach dem Essen entschwindet Bill, um ja nicht seine Baseballmannschaft im Fernsehen zu verpassen, während Mary sich daranmacht, den Tisch abzuräumen und den Abwasch zu erledigen. Schließlich setzen sie sich doch noch gemeinsam hin und haben ein paar vergnügliche Stunden.

Der nächste Abend verläuft genauso. Und auch am dritten Abend ändert sich nichts. Am vierten Abend beginnt Mary stutzig zu werden. Was ist denn eigentlich so toll an der Ehe? Am fünften Abend kann sie sich nicht mehr zurückhalten: „Warum bietest du mir eigentlich niemals deine Hilfe an? Glaubst du, ich bin dein Hausmädchen? Du sollst eins wissen: Ich habe dich nicht geheiratet, um deine Sklavin zu werden . . .!!"

Bill weiß gar nicht, wie ihm geschieht. „Wie kommst du denn darauf? Wovon redest du überhaupt? Du meinst doch wohl nicht etwa, daß ich dir beim Kochen und Abwaschen helfe! So was Verrücktes ist mir ja noch nie zu Ohren gekommen . . .!!"

Was ist das Problem von Bill und Mary? Sie haben sich nicht vorher über die Aufgabenverteilung verständigt! Es bestehen Mißverständnisse darüber, wer was tun soll. Mary war es von zu Hause gewöhnt, daß der Vater immer beim Kochen und beim Abwasch half, wenn er nicht gerade verhindert war. Bei Bill zu Hause wäre der Vater niemals auf den Gedanken gekommen, so etwas zu tun. Von frühester Kindheit an hat Bill immer nur den Vater sagen hören: „Das ist Frauensache!“ Und deshalb sind Bill und Mary mit ganz verschiedenen Vorstellungen über die Aufgabenverteilung in die Ehe gegangen. Sie haben es versäumt, schon vor der Hochzeit darüber zu reden, wie sie die Geschlechtsrollen sehen.

Bill und Mary sind keineswegs die Ausnahme von der Regel. Was sie erleben, ist ganz typisch für die ersten drei Ehemonate, wenn den zwei Jungvermählten aufgeht, daß sie sich noch nie darüber verständigt haben, wer denn nun eigentlich den Staub von der Kommode wischt. Er ist immer davon ausgegangen, es sei ihre Aufgabe. Und sie war der Meinung, das habe er zu erledigen. So wird die Kommode zum Zankapfel in dieser Ehe. Streitpunkte können aber genauso sein: der Mülleimer, die Staubflocken in der Ecke, die Wäsche, das Badezimmer nach dem Duschen, die Autowäsche, der Rasen usw. Der konkrete Anlaß mag sehr verschieden sein, doch das Problem ist immer, daß man sich noch nicht über die Aufgaben in der Ehe verständigt hat.

Wenn wir an „Rollen“ denken, so meinen wir oft, es gehe nur um die große, übergreifende Aufgabenverteilung im Leben – wer für das Einkommen sorgt oder wer den Haushalt macht. Doch eine Rolle übernehmen heißt, sich für bestimmte Aufgaben verantwortlich zu fühlen. Das können kleine und große Pflichten sein. Es kann darum gehen, wer für das Einkommen sorgt, aber auch, wer eine der oben genannten kleinen Aufgaben übernimmt. Wer macht was? Das ist die Frage.

Unsere Gesellschaft hat sich grundlegend gewandelt, was die Erwartungen an die Geschlechtsrollen angeht. Traditionell war der Mann der Ernährer, während die Frau die Hausfrau war. Heute sind schon viele Frauen berufstätig, aber eine große Zahl führt auch noch immer althergebracht den Haushalt. Dadurch sind viele neue Konflikte entstanden.

Wenn die Frau berufstätig ist und gleichermaßen zum Familieneinkommen beiträgt, wird sich dann der Mann auch seinerseits an der Hausarbeit beteiligen? In der Verlobungszeit einigen sich die meisten Paare darüber, ob die Frau berufstätig sein will oder zu Hause bleibt. Doch es wird kaum darüber gesprochen, wer schließlich den Staub von der Kommode wischt. Folglich ist nicht die Frage, wer arbeiten geht, ein Streitpunkt in den jungen Ehen, sondern eher das tägliche Hickhack um Nebensächlichkeiten. Das Anliegen dieses Kapitels ist es also, darauf hinzuwirken, daß wir nicht nur die großen Dinge besprechen, sondern uns auch den Details widmen. Gerade die Details sind es, die wir viel zu oft für selbstverständlich nehmen.

Viele Konflikte wären vermeidbar, wenn sich das Paar Zeit nehmen würde, schon vor der Hochzeit die Aufgaben im Detail zu verteilen. Das Problem liegt in den meisten Fällen nicht darin, daß grundsätzlich keine Einigung erzielt werden kann, sondern in dem Versäumnis, die Dinge rechtzeitig anzusprechen. Junge Paare gehen im allgemeinen davon aus, daß sich die Dinge nach der Hochzeit schon von allein einspielen werden. Doch wie kann man ohne offene und gründliche Diskussion in Erfahrung bringen, welche Vorstellungen der andere tatsächlich hat?

Gibt uns die Bibel Entscheidungshilfe? Erfahren wir, was der Mann und was die Frau tun sollen? Wenn wir uns Gott selber anschauen, erkennen wir, daß Gleichberechtigte durchaus ganz unterschiedliche Rollen spielen können. Gott, der Vater, plante unsere Erlösung (Epheser 1,3-4). Gott, der Sohn, vergoß sein Blut für unsere Erlösung (Vers 4), und Gott, der Heilige Geist, besiegelte unsere Erlösung (Verse 13-14). Jeder übernimmt eine andere Aufgabe bei der Erlösung der Menschheit. Trotzdem bilden alle drei Personen eine Einheit. Einheit bedeutet nicht, daß es keine Vielfalt der Rollen gibt. So ähnlich ist es auch bei Mann und Frau. Sie übernehmen verschiedene Aufgaben und wirken doch zusammen als Einheit. Das Akzeptieren verschiedener Aufgaben und Rollen zerstört nicht die Einheit, sondern fördert sie nur. Bei der Verteilung von Aufgaben geht es auch nicht um Autorität und persönlichen Wert, sondern einzig und allein um Effektivität.

Ganz am Anfang gab Gott Adam und Eva eine gemeinsame Aufgabe: „Seid fruchtbar und vermehrt euch, und füllt die Erde, und macht sie euch untertan; und herrscht über die Fische des Meeres und über die Vögel des Himmels und über alle Tiere, die sich auf der Erde regen!" (1. Mose 1,28).

Zwei Dinge sollten sie also tun: sich vermehren und sich die Erde mit all ihren Geschöpfen untertan machen. Man beachte, daß Gott Mann und Frau zugleich ansprach. Beide sollten auf dasselbe Ziel hinwirken. Doch offenkundig konnten sie nicht beide dasselbe tun. Die Frau ist zwar körperlich die Gebärende, aber dies kann sie nicht ohne das entscheidende Zutun des Mannes sein. Hier wird deutlich, daß es Gott immer wieder um das Einswerden geht. Mann und Frau sollen nach Gottes Plan ein Team sein, das gemeinsame Ziele hat. Die Entstehung neuen Lebens verlangt die Mitwirkung beider und ist damit ein Vorbild für das ganze Leben.

So wie bei der Zeugung die Zusammenarbeit von Mann und Frau erforderlich ist – wobei jeder seine spezifische Rolle spielt – so ist auch in allen anderen Lebensbereichen dieses Grundmuster gültig: Verschiedenheit der Aufgaben und Einigkeit im Ziel. Die Spieler auf dem Fußballplatz tun nicht alle das gleiche, doch sie haben dasselbe Ziel. Und so übernehmen auch Mann und Frau nicht die gleichen Rollen, aber sie arbeiten auf dasselbe Ziel hin – als ein von Gott beauftragtes Team.

Daß Gott von verschiedenen Rollen ausgegangen ist, wird in 1. Mose 3 deutlich, wo er die Menschen wegen ihrer Sünde verurteilt:

> Zu der Frau sprach er: Ich werde sehr vermehren die Mühsal deiner Schwangerschaft, mit Schmerzen sollst du Kinder gebären! Nach deinem Mann wird dein Verlangen sein, er aber wird über dich herrschen! Und zu Adam sprach er: Weil du auf die Stimme deiner Frau gehört und gegessen hast von dem Baum, von dem ich dir geboten habe: Du sollst davon nicht essen! – so sei der Erdboden verflucht um deinetwillen: mit Mühsal sollst du davon essen alle Tage deines Lebens; und Dornen und Disteln wird er dir sprossen lassen, und du wirst das Kraut des Feldes essen! Im Schweiße deines Angesichts wirst du dein Brot essen, bis du zurückkehrst zum Erdboden, denn von ihm bist du genommen. Denn Staub bist du, und zum Staub wirst du zurückkehren! (1. Mose 3,16-19).

Gottes Gericht galt bei Eva dem Gebären. Dies ist eine Aufgabe, die nur sie allein erfüllen konnte. Adams Beitrag zur Nachkommenschaft war nicht betroffen. Um Adam zu bestrafen, wählte Gott die Erde aus, denn Adam war ein Bauer. Dornen und Disteln sollten das Bebauen des Ackerbodens erschweren.

Beide Urteile dienten einem Zweck: Sie sollten für immer auf die Folgen der Sünde hinweisen, und jedes war der betreffenden Person entsprechend ausgewählt worden. Evas Urteil traf sie dort, wo nur sie Verantwortung tragen konnte. Und Adams Urteil traf ihn, wo er tagtäglich der Aufgabe nachging, Nahrung für seine Familie sicherzustellen – draußen auf den Feldern.

Wenn Eva sich voll und ganz der Aufgabe widmen wollte, Gottes Gebot zur Vermehrung so getreu wie möglich zu erfüllen, dann konnte sie kaum noch draußen die Felder bestellten. Da Adams Beitrag zur Fortpflanzung anderer Natur war, war er viel eher in der Lage, seine Kraft zur Erfüllung von Gottes zweitem Gebot einzusetzen, nämlich sich die Erde untertan zu machen und über die anderen Geschöpfe zu herrschen. So war die Frau zuallererst die Trägerin neuen Lebens, und Adam war der Ernährer.

Nun sollen diese Rollen allerdings kein Gefängnis sein. Jeder, der etwas von Landwirtschaft versteht, weiß, daß die Bauersfrau wesentlich zum erfolgreichen Wirtschaften auf dem Hof beiträgt. Andererseits mußte auch Adam Erziehungsaufgaben übernehmen. Nach biblischer Vorstellung ist die Kindererziehung niemals nur Sache der Mutter, sondern Aufgabe der Eltern. Uns geht es in diesem Kapitel deshalb darum, uns mit dem Gedanken einer individuellen Aufgabenverteilung in der Ehe vertraut zu machen und uns immer klarzumachen, daß wir als Team gemeinsam die Ziele anstreben, die auch Gottes Ziele sind.

Wenn sich ein Paar Kinder wünscht, so erscheint die traditionelle Rollenverteilung recht logisch. Nun gibt es aber auch christliche Ehepaare, die heutzutage keine Kinder mehr haben wollen, weil sie meinen, Gottes Gebot, die Erde zu füllen, sei längst erfüllt. Von diesem Standpunkt aus gibt es eigentlich keinen einsichtigen Grund, warum die Frau nicht ihrem Mann bei der Erfüllung des zweiten Gebots – „Macht euch die Erde untertan" – zur Seite stehen sollte.

Andere Paare, die Kinder haben, argumentieren, daß in einer nicht mehr landwirtschaftlich geprägten Gesellschaft die Frau durchaus auch berufstätig sein könne, ohne ihre Mutterrolle zu vernachlässigen. Das Bild von der tüchtigen Hausfrau in Sprüche 31 scheint diese Position zu stützen:

> Eine tüchtige Frau – wer findet sie? Weit über Korallen geht ihr Wert. Ihr vertraut das Herz ihres Mannes, und an Ausbeute wird es ihm nicht fehlen. Sie erweist ihm Gutes und nichts Böses alle Tage ihres Lebens. Sie kümmert sich um Wolle und Flachs und arbeitet dann mit Lust ihrer Hände. Sie gleicht Handelsschiffen, von weit her holt sie ihr Brot herbei. Und sie steht auf, wenn es noch Nacht ist, und gibt Speise ihrem Haus und das Angemessene ihren Mägden. Sie hält Ausschau nach einem Feld und erwirbt es; von der Frucht ihrer Hände pflanzt sie einen Weinberg. Sie gürtet ihre Lenden mit Kraft und macht ihre Arme stark. Sie merkt, daß ihr Erwerb gut ist; auch nachts erlischt ihre Lampe nicht. Sie streckt ihre Hände aus nach der Spinnrolle, und ihre Finger ergreifen die Spindel. Ihre Hand öffnet sie dem Elenden und streckt ihre Hände dem Armen entgegen. Nicht fürchtet sie für ihr Haus den Schnee, denn ihr ganzes

> Haus ist in Karmesinstoffe gekleidet. Decken macht sie sich; Byssus und roter Purpur sind ihr Gewand. Ihr Mann ist bekannt in den Toren, wenn er Sitzung hält mit den Ältesten des Landes. Kostbare Hemden macht sie und verkauft sie, und Gürtel liefert sie dem Kaufmann. Kraft und Hoheit sind ihr Gewand, und unbekümmert lacht sie dem nächsten Tag zu. Ihren Mund öffnet sie mit Weisheit, und freundliche Weisung ist auf ihrer Zunge. Sie überwacht die Vorgänge in ihrem Haus, und das Brot der Faulheit ißt sie nicht. Es treten ihre Söhne auf und preisen sie glücklich, ihr Mann tritt auf und rühmt sie (Verse 10-28).

Niemand, der dieses Kapitel liest, kann eigentlich auf den Gedanken kommen, die Frau sei nur zum Kindergebären da. Doch etwas läßt sich nicht wegdiskutieren: Der Lebens-Mittelpunkt dieser Frau war auf jeden Fall ihr eigenes Haus. Was tat sie nicht alles! Sie nähte, kochte, erwarb Äcker, pflanzte Weinberge, sie wob, kümmerte sich um die Armen und Bedürftigen, und sie redete weise und freundlich. Diese Frau trug offensichtlich zum Wohlstand ihrer Familie bei. Sie diente allen, dem Ehemann (11-12), den Kindern (15, 21, 27) und sich selbst (22).

Und welche Früchte erntet sie? „Es treten ihre Söhne auf und preisen sie glücklich, ihr Mann tritt auf und rühmt sie" (28). Ich kenne viele verheiratete Frauen, für die Heim und Familie nicht Lebens-Mittelpunkt sind, die aber auf anderen Gebieten viel Anerkennung bekommen. Trotzdem würden sie viel darum geben, so gepriesen zu werden: „Es treten ihre Söhne auf und preisen sie glücklich, ihr Mann tritt auf und rühmt sie."

Dieses alttestamentliche Bild von der gottesfürchtigen Hausfrau, die in sich selbst ruht und für ihre Familie da ist, ist auch noch im Neuen Bund das Ideal. Wahrscheinlich hat Paulus an sie gedacht, als er den älteren Frauen gebot, die jüngeren zu unterweisen, ihren Haushalt ordentlich zu führen (Titus 2,5). Es geht hier nicht darum, der Frau automatisch alle Haushaltspflichten aufzubürden, sondern um die grundsätzliche Ausrichtung: Dreh- und Angelpunkt ihres Lebens soll die Familie sein. Wenn die Entscheidung ansteht, ein neues Aufgabengebiet zu übernehmen, müssen immer zuerst folgende Fragen gestellt werden: Welche Auswirkungen wird es auf das Familienleben haben? Inwieweit ist mein Mann, sind meine Kinder betroffen? Was ändert sich für mich? Wird unsere Beziehung in Mitleidenschaft gezogen?

Kein persönliches Fortkommen ist es wert, die Einheit der Familie aufs Spiel zu setzen. Ich schließe mich dem guten, alten Sokrates an, der schon 450 v. Chr. gesagt hat: „Könnte ich hinaufsteigen zum höchsten Punkt Athens, würde ich meine Stimme erheben und sagen: ‚Was denkt ihr euch dabei, Mitbürger, daß ihr jeden Stein umdreht, um Reichtümer zusammenzukratzen, euch aber so wenig um eure Kinder kümmert, an die ihr doch eines Tages alles abtreten müßt?'"

Die christliche Ehefrau hat viele Freiheiten. Vieles steht ihr offen, doch wirkliche Befriedigung findet sie letztlich immer nur, wenn sie für ihre Familie da ist und diese Aufgabe mit Hingabe erfüllt. Was nützt es einer Frau, wenn sie „die ganze Welt gewönne", aber ihre Familie einbüßte?

Wie sieht es mit der Rolle des Mannes als Versorger aus? Stützt sich diese Aufgabenzuweisung nur auf 1. Mose 3, oder gibt es noch andere Stellen in der Schrift? In 1. Timotheus 5,8 heißt es: „Wenn aber jemand für die Seinen und besonders für die Hausgenossen nicht sorgt, so hat er den Glauben verleugnet und ist schlechter als ein Ungläubiger." Der ganze Abschnitt beschäftigt sich mit der Verantwortung des Mannes, sich um die Witwen in seiner Familie zu kümmern. Gleichzeitig trägt er aber Verantwortung seinen engsten Angehörigen gegenüber.

Überall in der Schrift wird Gott als „Vater" bezeichnet, und es werden viele Parallelen zwischen dem himmlischen Vater und unseren irdischen Vätern gezogen. Hier ein Beispiel:

> Oder welcher Mensch ist unter euch, der, wenn sein Sohn ihn um ein Brot bittet, ihm einen Stein geben wird? Und wenn er um einen Fisch bittet, wird er ihm eine Schlange geben? Wenn nun ihr, die ihr böse seid, euren Kindern gute Gaben zu geben wißt, wieviel mehr wird euer Vater, der in den Himmeln ist, Gutes geben denen, die ihn bitten! (Matthäus 7,9-11).

Wenn Sie Gottes Rolle als Vater beschreiben wollen, welches Wort fällt Ihnen dann spontan ein? Für mich jedenfalls ist er der Versorger. Er hat nicht nur das Leben geschenkt, er tut auch alles, um es zu bewahren und uns mit allem Nötigen zu versorgen. Und so stellt die Bibel den irdischen Vater auch als den dar, der für die Seinen sorgt.

Das heißt natürlich nicht, daß die Frau derweil die Hände in den Schoß legt. Auch sie sorgt für die Familie. Sprüche 31 stützt diesen Gedanken. Mann und Frau sind ein Team. Sie arbeiten zwar Hand in Hand, aber nach biblischem Vorbild trägt der Mann die Hauptverantwortung dafür, daß die Familie materiell versorgt ist.

Vor einiger Zeit war ich angenehm überrascht, den folgenden Abschnitt in einer weltlichen Zeitschrift zu lesen. Dr. Frances Welsing, die Autorin, ist eine farbige Kinderpsychologin. Sie ist Assistenzprofessorin am Howard University College of Medicine. Ihre Erkenntnisse zu den Geschlechtsrollen von Mann und Frau kommen dem biblischen Vorbild schon sehr nahe:

> Erst im Schoß der Familie gelingt es Schwarzen eher, das Gefühl loszuwerden, immer den kürzeren ziehen zu müssen, und einen Wandel herbeizuführen, durch den die jungen Leute sich besser entwickeln können.
> Die Hauptaufgabe des Vaters in bezug auf seine Kinder besteht darin, im täglichen Leben die Rolle des Mannes vorzuleben und den Kindern Liebe und Zuwendung zu schenken. Beides ist von grundlegender Bedeutung für die Lernfähigkeit der Kinder. In seiner Verantwortung liegt es, den Lebensunterhalt zu beschaffen und die Familieneinheit zu schützen.
> Die Hauptaufgabe der Mutter in bezug auf ihre Kinder besteht darin, im täglichen Leben die Rolle der Frau vorzuleben und Liebe und Zuwendung den Kindern zukommen zu lassen. In ihrer Verantwortung liegt es, die Kinder zu sozialen Wesen zu erziehen und für das Heim zu sorgen. Diese Arbeitsteilung ist meiner Meinung nach unerläßlich, wenn das Familienleben ordentlich funktionieren soll.
> Mir ist durchaus bewußt, daß heutzutage besonders die weißen Frauen gegen solch eine Rollenverteilung lautstark protestieren. Doch wir Schwarzen können es nicht zulassen, daß die Weißen immer noch unsere Prioritäten bestimmen. Wenn wir nicht begreifen, was für uns wichtig ist, werden wir selber den Schaden davontragen.
> Wir Schwarzen können diesen Prozeß stoppen, der uns und unseren Kindern zunehmend das Gefühl gibt, Bürger zweiter Klasse zu sein. Es brauchen nur aus den zum Scheitern verurteilten und meist von Frauen beherrschten „Notgemeinschaften" wieder Familien werden, in denen Ausgewogenheit und Harmonie herrschen zwischen der Rolle des männlichen Ernährers und der Rolle der weiblichen Vermittlerin sozialer Verhaltensweisen.
> Schwarze Frauen müssen endlich anfangen, für die Chancengleichheit mit den weißen Frauen zu kämpfen, damit auch sie, von ihren Männern ausreichend versorgt, zu Hause bleiben können. Nur so haben sie genug Zeit, ihre schwarzen Kinder zu

> lebenstüchtigen Menschen zu erziehen – eine Chance, die die weißen Mütter schon lange haben. Oft nehmen diese dazu auch noch die Dienste schwarzer Frauen in Anspruch, die ihre Kinder allein lassen müssen, um auf diese Weise ihr Geld zu verdienen.
> Wenn sich schwarze Männer und Frauen diesem großen Ziel verschreiben, werden sie frei sein von der zerstörerischen Praxis, einander die Arbeitsplätze streitig zu machen. Statt dessen werden sie als starkes Team gemeinsam kämpfen.[1]

Vor ein paar Jahren wurde ich mit einem typischen Beispiel für eine solche „zum Scheitern verurteilte Notgemeinschaft" konfrontiert. Eine Frau, die schon über dreißig Jahre verheiratet war, kam zu mir in die Seelsorge. Sie beschrieb ihre gegenwärtige Situation als unerträglich. Viele Jahre schon beschränkten sich alle Aktivitäten ihres Mannes auf drei Bereiche: Arbeit, Hobby und Schlaf. Er übernahm keine Pflichten im Haus, beschäftigte sich niemals mit den Kindern und sprach selten mit seiner Frau.

Ich erkundigte mich, ob dies schon immer seine Art gewesen sei. Sie antwortete: „Aber nein, viele Jahre hat er überhaupt nicht gearbeitet."

In den ersten Jahren ihrer Ehe hatte er sich ausgesprochen verantwortungslos verhalten und immer schon nach wenigen Tagen eine Arbeit hingeworfen. Mit Hilfe der Eltern hatten sie dann auch noch ein Haus gekauft. Doch waren sie oft nahe daran, es wieder zu verlieren, weil sie die Raten nicht bezahlen konnten. Eines Tages entschloß sich die Frau, selber arbeiten zu gehen, da er es nicht tat. Sie bekam eine Arbeitsstelle und bezahlte fortan alle Rechnungen. An diesem Tag übernahm sie die Führungsrolle in ihrer Familie. Er aber brauchte nun überhaupt keine Verantwortung mehr zu tragen. Jahre später fand er doch noch eine Arbeit, bei der er schließlich blieb, doch die Verantwortung für die Familie übernahm er nun nicht mehr. Er fühlte sich nutzlos und ungeliebt, so daß er sich immer mehr von Frau und Kindern zurückzog.

Als ich davon sprach, daß die Bibel den Mann als den Ernährer sieht, keimte Hoffnung in ihr auf, und sie lächelte. Sie erkannte ihren Fehler und sagte dann einen Satz, der mir immer im Gedächtnis haften bleiben wird: „Ich habe zwar mein Haus gerettet, aber meine Familie verloren!"

Was für eine kluge Analyse! Mit ihrem Entschluß, die Ernährerin der Familie zu werden, rettete sie zwar das Haus, aber sie ermunterte auch ihren Mann, mit seinem verantwortungslosen Verhalten fortzufahren. Sie jammerte: „Wenn mir doch bloß das Haus nicht so wichtig gewesen wäre! Ich habe all die Jahre die Last getragen. Und jetzt, wo er das Geld nach Hause bringt, weiß ich nicht, wie ich ihn dazu bewegen könnte, wieder Herr im Hause zu werden. Ich brauche einfach jemand, bei dem ich mich anlehnen kann."

In ihrem Bemühen, materiellen Besitz zu sichern, hatte sie einen viel wertvolleren Besitz verloren – die Einheit mit ihrem Mann, so wie Gott sie gewollt hat. Was hätte sie anders machen können? Ihr Mann wollte – aus welchem Grund auch immer – keine Verantwortung übernehmen, als sie heirateten. Doch sie half ihm nicht, indem sie ihm alle Pflichten abnahm. Man kann Verantwortung nur lernen, indem man sich ihr stellt. Hätte sie nicht nur ihre Hilfsbereitschaft gezeigt, sondern auch ihre Erwartung geäußert, er möge sie versorgen, und wäre sie mit dem zufrieden gewesen, was er nach Hause brachte, hätte er ganz bestimmt irgendwann seine Rolle als Ehemann und Versorger akzeptiert. Er brauchte sanften Druck und Ermutigung, um Verantwortung zu übernehmen.

Es gibt natürlich auch Familien, in denen aufgrund von ungünstigen Umständen die Frau die Rolle der Ernährerin übernehmen muß. Das sind allerdings die Ausnahmen von der Regel. Und Gott wird diese Frauen segnen. Sie sollten auf jeden Fall ihrem Mann helfen, daß er seine Rolle in ihrer Beziehung erkennt. Denken Sie immer daran: Mann und Frau sind ein Team, und jeder in diesem Team sollte seine Aufgaben haben.

Auf diesem Fundament (der Mann als Versorger und die Frau als Haushaltsvorstand) kann das christliche Ehepaar nun frei darüber entscheiden, wie es die Aufgaben in der Familie verteilt.

Die Bibel schließt nicht aus, daß die Frau auch außer Haus ihren Aufgaben nachgeht und zum Familieneinkommen beiträgt. Das darf aber niemals zum Schaden der Familie geschehen!

Die Hausfrau und Mutter trägt viel Verantwortung im Haus, aber das bedeutet nicht, daß der Mann von allen Pflichten im Haushalt verschont bleibt. Die Anwesenheit der Mutter ist von grundlegender Bedeutung für die Kinder. Doch brauchen diese genauso die Zuwendung des Vaters. Kinder brauchen beide Eltern, und der Vater muß sich um das Wohl des Kindes genauso kümmern wie die Mutter. Der persönliche Umgang mit den Kindern und ihre Erziehung können nicht an die Mutter delegiert werden. Viele christliche Väter haben diesen schlimmen Fehler begangen. Die Aufgabenverteilung wird sich von Familie zu Familie unterscheiden, und selbst innerhalb einer Familie gibt es immer wieder Verschiebungen. Doch in jedem Fall sollten sich die Partner einigen.

Wenn Aufgaben verteilt werden, sollten Begabungen und besondere Fähigkeiten berücksichtigt werden. Einer mag für eine bestimmte Aufgabe qualifizierter sein als der andere. Ich z. B. würde ein schlimmes Chaos anrichten, wenn ich die Einkäufe übernehmen müßte. Das ist ein Aufgabenbereich meiner Frau, für den sie am besten qualifiziert ist. Bei anderen Paaren ist es vielleicht der Mann, der für diese Arbeit am besten gerüstet ist.

Meine Ausführungen sollten allerdings nicht so verstanden werden, daß bei einer festen Aufgabenverteilung kein Anspruch auf Hilfe mehr besteht. Nehmen wir an, die Frau hat als Pflicht übernommen, jeden Donnerstag die Teppiche zu saugen. Das bedeutet nicht, daß der Mann niemals zum Staubsauger greifen darf, um es ihr auch einmal abzunehmen. Es ist ein Bedürfnis der Liebe, dem anderen unter die Arme zu greifen, und sie wird es häufig tun. Die Übernahme einer Aufgabe bedeutet, sie auch ohne Murren auszuführen, wenn der andere nicht freiwillig hilft. Die Frau erwartet nicht vom Mann, daß er zum Staubsauger greift, weil es ihre eigene Aufgabe ist. Wenn er aber hilft, dann kann sie das als Liebesbeweis werten; und es ist auch einer!

In der Schrift steht nicht ausdrücklich, „wer den Staub von der Kommode wischen soll", aber sie ermuntert uns, Regelungen zu treffen, über die wir uns einigen können. Amos fragte einmal: „Gehen etwa zwei miteinander, außer wenn sie zusammengekommen sind?" (3,3). Die Antwort lautet: „Nein, denn ihre Wege trennen sich." Sich über die Verteilung der Aufgaben und Pflichten zu einigen ist meistens keine große Sache. Doch wehe, es wird etwas übersehen. Dann können sich die Probleme anstauen und wie ein Vulkan ausbrechen.

Übungen und Fragen, die weiterhelfen

Für Ehepaare:

1. Wer ist in Ihrer Ehe verantwortlich für das Familieneinkommen?
   ___ *Frau* ___ *Mann* ___ *beide*
   Sind Sie mit der gegenwärtigen Regelung zufrieden? Falls nicht, schreiben Sie auf, wie Sie sich Ihr Leben vorstellen.

2. Schreiben Sie ohne Rücksprache mit Ihrem Partner auf, welche Aufgaben und Pflichten im Haus eindeutig von Ihnen übernommen worden sind. Machen Sie eine zweite Liste mit Aufgaben, die Ihr Partner übernommen hat. Schreiben Sie alles auf, was Ihnen einfällt, und seien Sie so konkret wie möglich.

3. Geben Sie Ihrem Partner dieses Kapitel zu lesen. Dann soll auch er die Fragen 1 und 2 beantworten.

4. Wenn Sie beide Ihre Listen fertig haben, sollten Sie sie vergleichen. Dabei werden Sie möglicherweise folgendes feststellen:
   a) Sie stimmen in allen Punkten überein.
   b) Es gibt bestimmte Aufgaben, bei denen Sie sich uneins sind.
   c) Sie haben sehr wenig Übereinstimmung. Das wäre ein bedenkliches Konfliktpotential!

5. Was Sie auch herausfinden, nehmen Sie sich Zeit, über Ihre Rollen, Aufgaben und Pflichten gemeinsam nachzudenken. Gibt es Aufgaben, die Sie übernommen haben, für die aber Ihrer Meinung nach der Partner qualifizierter ist? Wäre er vielleicht bereit, diese Aufgabe zu übernehmen? Vereinbaren Sie doch eine Probezeit von einem Monat.

6. Glauben Sie nicht, daß Aufgaben und Pflichten ein für allemal festgelegt werden müssen. Wenn es zu Spannungen kommt, ist es höchste Zeit, miteinander zu reden und die Dinge neu zu beurteilen.

Für Verlobte und solche, die es werden wollen:

1. Wahrscheinlich haben Sie schon darüber gesprochen, wer bei Ihnen für das Familieneinkommen verantwortlich sein soll. Aber haben Sie sich auch schon darüber geeinigt, „wer den Staub von der Kommode wischen soll“? Es ist ganz wichtig, sich nicht nur über die großen Dinge zu einigen, sondern auch über die kleinen Dinge des Alltags.

2. Nachdem Sie beide dieses Kapitel gelesen haben, sollten Sie eine Liste der Pflichten anfertigen, die Sie selber bereit sind zu übernehmen. Schreiben Sie danach auf, was der Partner tun sollte. Führen Sie alles auf, was Ihnen einfällt, und seien Sie so konkret wie möglich.

3. Wenn Sie Zeit und Muße haben, sollten Sie Ihre Listen vergleichen.
   a) Bei welchen Aufgaben haben Sie sich beide in der Verantwortung gesehen? (Schreiben Sie diese Punkte noch einmal gesondert auf, und teilen Sie sie unter sich auf.)
   b) Welche Pflichten haben Sie beide jeweils dem anderen zugedacht? (Schreiben Sie diese Punkte noch einmal gesondert auf, und teilen Sie sie unter sich auf.)

4. Gehen Sie diese Listen kurz vor der Hochzeit noch einmal durch.

5. Seien Sie nach der Hochzeit immer bereit, über bestimmte Punkte neu nachzudenken und Aufgaben neu zu verteilen.

8. „Recht hat immer nur er“

Wir haben schon im Kapitel über die Kommunikation darüber gesprochen: Vor der Hochzeit redet man noch ganz unkompliziert miteinander. Doch schon bald danach kommt das Gespräch zum Erliegen. Der Hauptgrund dafür ist, daß vor der Hochzeit kaum grundlegende Fragen geklärt werden mußten. Man tauschte seine Gedanken aus, dann ging jeder nach Hause und tat, wie es ihm gefiel. Doch nach der Hochzeit ist Einigkeit erwünscht, und es müssen viele Entscheidungen getroffen werden, die beide Partner etwas angehen. Und weil man sich nicht einigen kann, leidet die Gesprächsbereitschaft. Gleichzeitig beginnt eine trennende Mauer in die Höhe zu wachsen.

Soziologen und Familienseelsorger stimmen darin überein, daß es zu den heikelsten Aufgaben in der Ehe gehört, gemeinsam Entscheidungen zu treffen. So manchem jungen Ehepaar schwebt vor, die Demokratie in ihrer Ehe einzuführen. Doch bei nur zwei Stimmen fährt sich die Demokratie allzuoft in einem Patt fest. Nur noch in wenigen Ehen herrscht unumschränkt der Ehemann über eine Frau, die mehr Mündel als Partnerin ist.

Das Gegenstück dazu ist die matriarchalische Ehe, in der die Mutter von der Seitenlinie her ihre Anweisungen gibt, während der Mann im Mittelfeld sich redlich bemüht, ihren Anweisungen zu gehorchen. Folge einer solchen Konstellation ist häufig, daß der Sohn zur Homosexualität neigt. Wissenschaftler, die sich mit dem Familienleben von Homosexuellen beschäftigt haben, konnten immer wieder beobachten, daß dahinter die Konstellation einer dominanten Mutter und eines passiven Vaters steckte. Die Mutter ist der bestimmende Faktor, während der Einfluß des Vaters kaum zum Tragen kommt.

Welches ist nun aber der richtige Weg, um zu Entscheidungen zu kommen? Wenn diese Frage schon vor der Hochzeit beantwortet werden kann, erspart sich das Paar viel Ärger und Enttäuschungen. Die meisten jung verheirateten Paare glauben nämlich, Entscheidungen würden mehr oder weniger von allein fallen. Sie erwarten in diesem Bereich jedenfalls keine nennenswerten Probleme. Doch diese Illusion wird in der Regel schon bald von der Realität eingeholt.

Finden wir in der Bibel Antworten? Ich meine, das beste Vorbild für Entscheidungsprozesse unter Gleichen finden wir bei Gott selbst.

Gott hat sich uns ja, wie wir wissen, als dreieiniger Gott offenbart. Und dieser dreieinige Gott hat viele Entscheidungen getroffen, von denen einige in der Bibel erwähnt werden. So heißt es gleich zu Anfang: „Laßt uns Menschen machen nach unserm Bild" (1.Mose 1,26). Wie aber ist er dabei vorgegangen?

Wir erfahren nicht allzuviel darüber, aber in Matthäus 26,36-46 werden wir Zeuge, wie der Vater und der Sohn miteinander reden. Jesus wußte, daß ihm das Kreuz bevorstand, und so war es ganz natürlich, daß er körperlich und seelisch unter Druck stand. Wir erfahren in diesen Versen, daß Jesus ganz offen mit dem Vater über seine Empfindungen sprach: „Mein Vater, wenn es möglich ist, so gehe dieser Kelch an mir vorüber" (39). Es wird uns hier sicher nicht das ganze Gebet wiedergegeben. Aber der Tenor ist ganz deutlich: Sie reden miteinander ohne Scheu und ohne etwas zu verschweigen. Dreimal betet Jesus zum Vater, und jedesmal endet er mit dem Satz: „Doch nicht wie ich will, sondern wie du willst."

War das blinder Fatalismus? Keineswegs! Jesus erkennt einfach nur die Führungsrolle des Vaters an. Die Entscheidung für den Gang ans Kreuz war zwar bereits zuvor in der Ewigkeit gefallen, denn Jesus ist das geschlachtete Lamm „von Grundlegung der Welt an" (Offenbarung 13,8). Doch nun, da ihm in Zeit und Raum das Kreuz bevorsteht, spricht er mit dem Vater über seine ganz menschlichen Gefühle und Gedanken.

Ein anderer Vers beschreibt das Verhältnis von Vater und Sohn noch deutlicher. In 1. Korinther 11,3 schreibt Paulus: „Ich will aber, daß ihr wißt, daß der Christus das Haupt eines jeden Mannes ist, das Haupt der Frau aber der Mann, des Christus Haupt aber Gott." Diese letzte Aussage wird oft übersehen: Des Christus Haupt aber ist Gott! Und mit Gott meint Paulus offenkundig den Vater.

Aber sind Vater und Sohn nicht gleich? Sie sind es! Doch innerhalb der perfekten Einheit der Gottheit besteht eine Ordnung, in der der Vater als das Haupt offenbart ist.

Ist deshalb der Vater mehr wert als der Sohn? Ist der Mann mehr wert als die Frau? Ist der Vater intelligenter als der Sohn? Sind Männer intelligenter als Frauen? Auf all diese Fragen kann man mit einem klaren Nein antworten. Vater und Sohn sind in jeder Beziehung gleich. Doch Gleichheit bedeutet nicht, daß es keine Unterschiede gäbe. Der Sohn starb am

Kreuz, nicht der Vater. Sind Männer und Frauen gleichviel wert? Ja! Niemand sollte zweifeln, wo die Bibel klare Aussagen macht. Sowohl der Mann als auch die Frau wurden nach dem Bild Gottes geschaffen, und sie sind gleichwertig. Heißt Einheit aber auch gleich Identität? Nein. Es gibt zwar Unterschiede; aber Unterschiede bedeuten nicht, daß einer dem anderen unterlegen ist. Wenn Gott sagt, der Mann sei das Haupt der Frau, dann gibt er damit der Beziehung von zwei gleichwertigen Wesen eine Ordnung. Und der dreieinige Gott selbst ist das Vorbild für diese Beziehung.

Ist es vorstellbar, daß der Vater den Sohn zwingen würde, etwas gegen seinen Willen zu tun? Ist es vorstellbar, daß der Mann, der sich an dieses Vorbild hält, etwas gegen den Willen seiner Frau erzwingt? Das Haupt sein bedeutet nicht, diktatorisch zu bestimmen. Würde der Sohn jemals auf eigene Faust handeln, ohne sich vorher mit dem Vater abzustimmen? „Unvorstellbar", sagen Sie. Und die Frau, würde sie, wenn sie sich an dieses Vorbild hält, auf eigene Faust handeln, ohne sich vorher mit dem Mann abzustimmen? Gott ist vollkommen, wir aber sind es nicht. Deshalb tun wir oft nicht das, was wir als richtig erkannt haben. Doch das Vorbild, an das wir uns halten sollen, müssen wir zumindest kennen.

Das biblische Konzept vom Mann als dem „Herrn des Hauses" ist wahrscheinlich die am häufigsten zum eigenen Vorteil interpretierte Aussage der Schrift. Christliche Ehemänner, die sich viel auf ihre vermeintliche Führungsrolle einbilden, bedienen sich des „In der Schrift steht aber ...", um mit dieser Autorität an ihre Frauen alle möglichen Forderungen zu stellen. Die Rolle des Hauptes verleiht nicht das Recht, alle Entscheidungen zu treffen und die Frau hinterher davon in Kenntnis zu setzen. Auf diesen Gedanken kann man gar nicht erst kommen, wenn man sich das Vorbild Gottes vor Augen hält.

Wie also treffen wir nun ganz konkret Entscheidungen nach dem biblischen Vorbild? Nehmen wir das Gespräch in Gethsemane kurz vor der Kreuzigung zwischen Jesus und dem Vater als Beispiel: „Mein Vater, wenn es möglich ist, so gehe dieser Kelch an mir vorüber; doch nicht wie ich will, sondern wie du willst" (Matthäus 26,39).

Es findet hier ein offener Gedankenaustausch statt, dessen Anliegen letztlich immer die Einheit ist. Was tun wir aber als fehlbare Menschen, wenn wir ausführlich unsere Gedanken dargelegt haben und trotzdem keine Einigung erzielen? Mein Rat ist: Wenn die Entscheidung Aufschub duldet, dann warten Sie! Die gewonnene Zeit können Sie nutzen, um zu beten und weitere Informationen einzuholen, bis die Dinge klarer liegen. Setzen Sie sich nach einer Woche noch einmal zusammen. Dann werden Sie sehen, inwieweit sich Ihre Standpunkte angenähert haben.

„Wie lange soll man aber warten?“ So lange es irgend geht! Ich meine, der Mann darf nur in den seltenen Fällen eine Entscheidung ohne Absprache fällen, in denen ein Aufschub nicht möglich ist. Aber solche Entscheidungen stehen nur höchst selten im Leben an. Meistens kann man sich Zeit nehmen. Einheit ist zu wertvoll, als daß man sie durch allzu große Hektik gefährden sollte. „Aber wenn ich heute nicht zugreife, ist das Sonderangebot vielleicht schon ausverkauft!“ Ein Schnäppchen auf Kosten der Einheit mit Ihrem Partner kommt Sie jedenfalls teurer zu stehen!

Wenn doch einmal Entscheidungen keinen Aufschub dulden und keine Einigung mit dem Partner erzielt werden kann, hat meiner Meinung nach der Ehemann die Pflicht, die Entscheidung zu treffen, die er für die beste hält. Für die Folgen muß er dann allerdings auch die volle Verantwortung übernehmen.

Wenn es einmal so kommt, wird die Frau die Unterordnung vielleicht als schmerzlich empfinden. Doch sie sollte gleichzeitig die Geborgenheit an der Seite eines Mannes spüren, der auch in der Lage ist, Entscheidungen zu treffen, wenn er dazu gezwungen wird. Bei solchen Entscheidungen braucht die Frau sich nicht für die Folgen verantwortlich zu fühlen, sie sollte aber auch nicht Widerstand dagegen leisten.

Erweist sich solch eine Entscheidung im nachhinein doch als Irrtum, sollte die Frau allerdings auch nicht der Versuchung erliegen, ihrem Mann Vorhaltungen zu machen: „Ich habe es dir gleich gesagt. Hättest du auf mich gehört, wäre das nicht passiert.“ Wenn ein Mann solch eine Niederlage einstecken muß, kann er nicht noch jemand gebrauchen, der ihm mit Schadenfreude begegnet. Ein tröstendes „Kopf hoch!“ tut hier manchmal Wunder. „Klar, es war ein Fehler. Aber wir werden es schon schaffen.“ Das sagt die weise Frau zu ihrem Mann.

Ich bin mir bewußt, daß so manch einem die Idee nicht gefällt, der Mann sei derjenige, der das letzte Wort hat. Doch wenn man dieses Prinzip in den Zusammenhang biblischer Vorbilder stellt, fällt einem die Zustimmung schon leichter. Die Tatsache, daß der Mann in seiner Familie in Ausnahmefällen das Recht auf das letzte Wort hat, besagt nicht, daß er der Überlegenere ist. Es geht vielmehr allein darum, eine Ordnung anzuerkennen, die in besonderen Situationen ein Ausweg ist. Früher oder später wird jedes Paar in eine Sackgasse geraten, wenn nicht einer in Krisensituationen sagen darf, wo es langgeht. Wir müssen uns bei allen Entscheidungen um Einigkeit bemühen, und wir werden sie auch in 95 % der Fälle erhalten. Doch einer muß die Verantwortung tragen, wenn ausnahmsweise einmal keine Einigkeit erzielt werden kann.

Verliert dadurch die Frau an persönlicher Würde? Wenn Sie dieser Meinung sind, haben Sie offenkundig noch nicht ganz das biblische Vorbild verstanden. Die Tatsache, daß der Vater das Haupt der Gottheit ist, schmälert in keiner Weise die Göttlichkeit des Sohnes. Genauso darf die Aufgabe des Mannes, Haupt zu sein, niemals die Persönlichkeit der Frau herabwürdigen. Die Frau trägt genauso zum Gelingen der Partnerschaft bei wie der Mann. Und in vielen Bereichen hat sie sogar ein viel besseres Einfühlungsvermögen als der Mann. Der Mann, der den Rat seiner Frau nicht sucht, ist ein Tor. Nicht nur, daß Alleingänge die Einheit untergraben, sie bewirken auch, daß eine wichtige Quelle der Weisheit einfach ignoriert wird. Viele Paare müssen immer wieder daran erinnert werden, daß sie ein Team sind. Allzuoft empfinden sie sich als Konkurrenten, und so hält jeder unbeirrt an seiner Meinung fest. Etwas Dümmeres kann man nicht tun! Sagen Sie immer, was Sie denken. Halten Sie mit Ihrer Meinung nicht hinter dem Berg. Doch diese Meinungsäußerung sollte nicht die Diskussion beenden, sondern ein Beitrag sein, um am Ende zur klügsten Entscheidung zu gelangen. Es soll kein Zweikampf sein: meine Ideen gegen deine, sondern ein kreativer Akt: unsere Ideen und unsere Entscheidung.

Was der Mann als Haupt der Familie nicht ist

Auch auf die Gefahr hin, daß ich mich wiederhole, möchte ich hier noch einmal klarstellen, was die Schrift nicht meint, wenn sie sagt: „Der Mann ist das Haupt der Frau" (Epheser 5,23).

Es heißt nicht, daß der Mann intelligenter ist als die Frau. Sicher hat der eine oder andere Mann einen höheren IQ als seine Frau. Aber so manche Frau hat auch einen höheren IQ als ihr Mann. Die Rolle des Mannes als Haupt hat nichts mit Intelligenz zu tun. Vater und Sohn der Gottheit haben beide dieselbe Allwissenheit, trotzdem ist der Vater das Haupt.

„Der Mann ist das Haupt der Frau" bedeutet nicht, daß der Mann wertvoller ist als die Frau. Beide sind nach dem Bild Gottes geschaffen worden. Etwas Wertvolleres kann es also gar nicht geben. Zwar berichtet das Alte Testament davon, daß in der jüdischen Kultur der männliche Nachkomme höher bewertet wird als die Tochter, aber die gesellschaftlichen Gegebenheiten damals sind nicht in jeder Beziehung ein Ausdruck des göttlichen Willens. Die Engel im Himmel jubeln jedenfalls nicht lauter, wenn sich ein Mann bekehrt, als wenn eine Frau zum Glauben findet. „Da ist nicht Mann und Frau; denn ihr alle seid einer in Christus Jesus" (Galater 3,28).

„Der Mann ist das Haupt der Frau" bedeutet nicht, daß der Mann der Diktator sein soll, der willkürliche Entscheidungen trifft und seiner Frau sagt, was sie zu tun hat. Der Vater und der Sohn gehen auch nicht so miteinander um. Es ist einfach unvorstellbar, daß Gott, der Vater, eine Entscheidung treffen und dann den Sohn herbeizitieren und informieren würde. Die Kommunikation zwischen Vater und Sohn ist vollkommen, und deshalb herrscht bei jeder Entscheidung Einigkeit.

So mancher christliche Diktator hat Magengeschwüre bekommen, weil er viel zu viele Entscheidungen allein getroffen hat. Das hat Gott so nicht gewollt. Denken Sie daran, daß er die Frau dem Mann als Helfer zur Seite gestellt hat, weil der nicht ohne sie ausgekommen ist. Wie kann sie ihm helfen, wenn er sie nicht mit einbezieht? Was wir heute dringend brauchen, sind Christen, die Verantwortung übernehmen, und keine christlichen Diktatoren.

Was die Unterordnung der Frau nicht bedeutet

Vielen Frauen fährt der Schreck in die Glieder, wenn sie den Pastor sagen hören: „Schlagen Sie mit mir Epheser 5,22 auf." Sie wissen genau, was jetzt kommt, und sie mögen es gar nicht gerne hören: „Ordnet euch einander unter in der Furcht Christi, die Frauen den eigenen Männern als dem Herrn!"

„Sie kennen meinen Mann nicht", denkt dann so manche. Und Gott antwortet: „Du hast noch nicht verstanden, was Unterordnung ist." In diesem Abschnitt möchte ich Ängste und Vorbehalte abbauen, indem ich einmal klarstelle, was Unterordnung ganz bestimmt nicht ist.

Unterordnung bedeutet nicht, daß immer nur die Frau die Gebende ist. Wird der Vers oben nicht eingeleitet mit: „Ordnet euch einander unter in der Furcht Christi ..."? Die Unterordnung soll gegenseitig sein. Mann und Frau können nicht eigene Wege gehen und trotzdem das Einssein in einer harmonischen Ehe erleben.

Deshalb möchte Gott auch, daß die Männer ihre Frauen lieben, „wie Christus die Gemeinde" (Epheser 5,25). Im Grundtext ist hier von der Agape-Liebe die Rede, die immer nur das Wohl des anderen im Auge hat.

So könnte sich z. B. der Mann unterordnen und eine Party besuchen, obwohl er gar keine Lust dazu hat, nur um etwas für die Partnerschaft zu tun. Andererseits könnte die Frau sich unterordnen, indem sie ihn zum Fußballspiel begleitet, obwohl sie wenig davon versteht. Sie tut es nur, um an einem Vergnügen ihres Mannes Anteil zu haben. Unterordnung ist der Verzicht, immer nur den eigenen Willen durchzusetzen. Und diesen Verzicht müssen sowohl der Mann als auch die Frau leisten.

Unterordnung bedeutet nicht, daß die Frau auf jegliche Meinungsäußerung verzichtet. Warum sollte Gott der Frau einen kreativen Geist gegeben haben, wenn sie ihre Vorstellungen nicht einbringen dürfte? Sie als Frau sollen Ihrem Mann Helfer sein. Wie aber können Sie dem, der Ihrer Hilfe bedarf, zur Seite stehen, wenn Sie Ihr Wissen und Ihre Erfahrung nicht „an den Mann bringen" dürfen?

„Aber mein Mann läßt meine Meinung überhaupt nicht gelten!" wenden Sie ein. Das ist letztlich sein Problem, nicht Ihres. Schweigen fördert nicht die Einheit. Vielleicht müssen Sie mit viel Taktgefühl und Weisheit vorgehen, wenn Sie Ihrer Meinung Geltung verschaffen wollen. Setzen Sie den Verstand ein, den Gott Ihnen gegeben hat. Gefordert sind Sie. Sie dürfen nicht tatenlos zusehen, wie Ihr Mann strauchelt. Versuchen Sie auf jeden Fall, ihm eine Helferin zu sein.

Schließlich bedeutet Unterordnung auch nicht, daß die Frau keine Entscheidungen treffen darf. Wir haben bisher hauptsächlich über die größeren Entscheidungen gesprochen, die immer wieder anstehen. Und wir haben erkannt, daß man zu solchen gemeinsamen Entscheidungen durch einen ausführlichen Meinungsaustausch gelangt. In einem normalen Haushalt wird es allerdings immer große Bereiche geben, in denen die Frau mit Einverständnis des Mannes selbständig entscheiden kann.

Es wäre reine Zeitverschwendung, wenn sich immer gleich beide Partner um jedes Detail kümmern würden. Es ist dagegen ein Zeichen von Weisheit, von vornherein ganz bestimmte Verantwortungsbereiche abzustecken, in denen die Frau oder der Mann nach eigenem Ermessen entscheiden kann. (Ein freiwillig eingeholter Rat sollte natürlich immer möglich sein.) Diese Bereiche werden sich zwar von Familie zu Familie unterscheiden, aber meistens wird es dabei um den Speisezettel, um Kleidung, um die Einrichtung zu Hause und um den täglichen Umgang mit den Kindern gehen.

Es ist schon beeindruckend, welche weitreichende Entscheidungsfreiheit man der tüchtigen Hausfrau aus Sprüche 31 offenkundig eingeräumt hatte. Sie konnte kaum das Gefühl haben, sich nicht richtig entfalten zu können.

Ich meine, daß in einer gesunden und gereiften Ehe die Frau alles selbständig entscheiden kann, was sie bereit ist zu übernehmen und was ihren Fähigkeiten entspricht. Ein selbstsicherer Ehemann wird seine selbständig handelnde Ehefrau nicht als Konkurrentin empfinden. Und eine

Frau, die genügend Selbstbewußtsein hat, wird nicht krampfhaft bemüht sein, jedermann ihren persönlichen Wert zu beweisen.

Ein Paar kann sich durchaus darauf einigen, daß bei Unstimmigkeiten in bestimmten Bereichen die Frau das letzte Wort hat. Das ist sicher eine kluge Entscheidung, wenn die Frau in dem betreffenden Bereich eindeutig die Kompetentere ist. Das hat allerdings absolut nichts mit der sogenannten Emanzipation zu tun, bei der sich Frauen auf Kosten ihrer Männer selbstverwirklichen wollen. Wie könnten wir von einem Team reden, wenn jeder nur seine Selbstverwirklichung im Auge hat? Ehe heißt, die Einheit anzustreben. Und die Art, wie man darin zu Entscheidungen kommt, sollte dieses Streben widerspiegeln.

Zusammenfassung

Wenn ein Paar es schafft, die Kompetenzen bei möglichst vielen voraussehbaren Entscheidungen vorher abzuklären, dann wird ihm so mancher Ehekrach erspart bleiben. Das biblische Vorbild, auf das ich hingewiesen habe, setzt voraus, daß stets ein reger Gedankenaustausch bezüglich der jeweils anstehenden Entscheidung stattfindet. Der einstimmige Entschluß ist immer die beste Lösung.

Wenn keine Übereinstimmung erzielt werden kann, sollten Sie warten und sehen, ob Sie nicht doch noch von irgendwoher eine Entscheidungshilfe bekommen. Können Sie sich jedoch nicht einigen und duldet die Entscheidung keinen Aufschub, dann muß der Mann nach bestem Wissen und Gewissen entscheiden und auch später dafür geradestehen. Die Frau sollte ihren Widerspruch durchaus kundtun, dann aber das letzte Wort des Ehemannes akzeptieren. Diese Einstellung wird den Willen zur Einheit stärken, und das ist allemal wichtiger, als sich in einer bestimmten Frage durchzusetzen.

Übungen und Fragen, die weiterhelfen

Für Ehepaare:

1. Beantworten Sie in wenigen Sätzen folgende Frage: Wie werden bei Ihnen zu Hause Entscheidungen getroffen? (Versuchen Sie, so konkret wie möglich zu antworten.)

2. Wenn Sie sich entschließen, zukünftig nach dem in diesem Kapitel

vorgestellten Muster zu verfahren, was müßte sich dann bei Ihnen konkret ändern? Machen Sie eine Liste.

3. Bitten Sie Ihren Partner, das Kapitel zu lesen und die Fragen 1 und 2 zu beantworten.

4. Wenn Sie beide alle Fragen beantwortet haben, sollten Sie sich zusammensetzen und ausführlich darüber reden, wie Entscheidungen bei Ihnen so getroffen werden können, daß es Ihrer Zweisamkeit dient. Die folgenden Fragen sollen zur Diskussion anregen.
   a) Sind Sie auch der Meinung, daß die Einheit zwischen Mann und Frau bei jeder zu treffenden Entscheidung das oberste Gebot ist?
   b) In welchem Bereich fällt es uns besonders schwer, zu einstimmigen Entscheidungen zu kommen?
   c) Was müssen wir anders machen, um hier zu einer Lösung zu kommen?
   d) Sind wir uns einig darüber, wer das letzte Wort hat, wenn schnell entschieden werden muß, aber keine Einigkeit erzielt werden kann?
   e) Haben wir schon Gott um Hilfe gebeten, um unsere Einheit zu stärken?

5. Lesen Sie Philipper 2,2-4. Welche Grundsätze können wir diesem Abschnitt für das Streben nach Einstimmigkeit entnehmen?

Für Verlobte und solche, die es werden wollen:

1. Sind Sie und Ihr zukünftiger Partner mit den Grundsätzen einverstanden, die wir in diesem Kapitel angesprochen haben?

2. Sind Sie zufrieden mit dem Maß an Übereinstimmung, das Sie beide erreichen?

3. Was haben Sie getan, wenn Sie bei einer Entscheidung keine Übereinstimmung erzielen konnten?

4. Nachdem Sie über dieses Kapitel mit Ihrem zukünftigen Lebenspartner gesprochen haben, sollten Sie verabreden, einen Monat lang ganz bewußt Entscheidungen nach dem darin besprochenen Muster zu fällen. Vielleicht kommt es ja in dieser Zeit sogar dazu, daß etwas unaufschiebbar entschieden werden muß. Das gibt dem jungen

Mann die Chance, schon einmal Verantwortung für „alle“ beide zu übernehmen. Und die junge Frau kann lernen, zum guten Ausgang einer Entscheidung beizutragen, die sie selbst nicht ganz mitgetragen hat.

9. „Nur Sex im Kopf“

Braut und Bräutigam haben meist die rosigsten Vorstellungen von ihrem Zusammenleben. Doch die meisten Illusionen machen sie sich über die körperliche Liebe. Viele gehen in die Ehe mit der Erwartung auf Sex von früh bis spät. Doch bei den meisten zerplatzen die Träume schon nach kurzer Zeit. Die hochgesteckten Erwartungen werden niemals erfüllt. Wie ist es möglich, daß kultivierte und gebildete Menschen es nicht schaffen, in diesem wichtigen Bereich Befriedigung zu finden?

Zu einem gewissen Teil haben wir die Frage schon beantwortet: Es liegt u. a. an den unrealistischen Erwartungen. Die Gesellschaft geht nicht fair mit uns um. Filme, Zeitschriften und Romane wollen uns einreden, sexuelle Leidenschaft und Befriedigung seien automatisch zu haben, wenn zwei Körper sich begegnen. Erfüllung stelle sich ein, wenn zwei übereinkämen, „es“ zu tun. Aber das geht an der Realität vorbei. Die Sexualität ist nämlich komplizierter und auch erhabener, als man denkt. Wenn wir in die Ehe mit der falschen Vorstellung gehen, die Befriedigung werde sich schon von allein einstellen, dann stehen uns unweigerlich einige herbe Enttäuschungen bevor.

Das sexuelle Einswerden, worunter ich die gegenseitige Befriedigung der Partner und die beiderseitige Erfüllung durch die Liebe verstehe, ist keineswegs so ohne weiteres zu haben. Es ist hierfür genausoviel Hingabe und Engagement erforderlich wie für die intellektuelle und soziale Einheit, über die wir schon weiter oben gesprochen haben.

Vielleicht wendet hier jemand ein: „Was denn, jetzt muß ich mich für die Liebe auch noch abmühen? Ich dachte, die Liebe gibt es umsonst!“ Und ich antworte ihm: „Es ist genau diese Illusion, die Sie daran hindern wird, mit dem Partner sexuell eins zu werden!“

Ich sage ja nicht, die Sexualität in der Ehe sei Mühsal und Last. Aber jede Investition in diesem Bereich zahlt sich aus. Was aber können wir konkret tun, um jenes „Ein-Fleisch-Werden“ wirklich zu erleben?

Eine gesunde Einstellung

Das größte Hindernis für die sexuelle Einheit ist eine negative Einstellung zur Sexualität im allgemeinen und zum Geschlechtsverkehr im besonderen. Diese Einstellung mag ihren Ursprung im negativen Vorbild der Eltern haben. Ursache mag eine verkehrte Sexualerziehung, traumatische Erlebnisse in der Kindheit oder große Enttäuschungen während der Pubertät sein. Es ist letztlich von keiner allzu großen Bedeutung, was diese Einstellung ausgelöst hat. Entscheidend ist vielmehr, daß wir eins begreifen: Wir sind Herr über unsere Einstellung. Wir müssen nicht Sklave unserer Abneigungen bleiben.

Um solche negativen Einstellungen loszuwerden, müssen wir als erstes die Wahrheit kennenlernen. Jesus sagt: „Wenn ihr in meinem Wort bleibt ... werdet ihr die Wahrheit erkennen, und die Wahrheit wird euch frei machen" (Johannes 8,31-32). Was also müssen wir über die Sexualität wissen? Was ist wahr und was Gerücht?

Die Wahrheit ist, daß sie eine Erfindung Gottes ist. Wir haben schon früher darüber gesprochen: Es war Gott, der uns als männliche und weibliche Wesen geschaffen hat. Der Mensch hat zwar die Sexualität mißbraucht, er ist aber nicht ihr Urheber. Der heilige Gott, der nichts mit der Sünde gemein hat, erschuf uns als sexuelle Wesen. Deshalb ist die Sexualität etwas, was uns nutzt und guttut.

Die Tatsache, daß wir männlich und weiblich sind, ist also an sich nichts Verwerfliches. Unsere Geschlechtsorgane sind kein schmutziger Bereich unseres Körpers. Sie sind so gebaut und beschaffen, wie Gott sie sich erdacht hat. Er ist der vollkommene Schöpfer; und alles, was er erschaffen hat, ist folglich gut. Wir dürfen die Reinheit der Sexualität nicht leugnen, nur weil der Mensch sie in den Schmutz gezogen hat. Die Sexualität ist kein Produkt dieser Welt. Sie trägt nicht den Aufdruck: „Made in Germany", sondern: „Made by God".

Immer wieder hat sich auch die Kirche schuldig gemacht, die Wahrheit verfälscht zu haben. In unserem Bestreben, den Mißbrauch der Sexualität zu bekämpfen, haben wir den Eindruck entstehen lassen, die Sexualität sei an sich etwas Böses. Das ist aber nicht der Fall. Paulus schreibt an die Gemeinde in Korinth: „Der Leib aber ist ... für den Herrn ... und ein Tempel des Heiligen Geistes" (1. Korinther 6,13.19). Unser ganzer Leib ist geheiligt, gut und rein.

Der zweite Schritt, den ich tun muß, um meine negative Einstellung zu überwinden, verlangt, daß ich diese Erkenntnis zu meinem geistigen Eigentum mache. Wenn die Sexualität ein Geschenk Gottes ist und der

Geschlechtsakt von Gott erdacht wurde, dann muß ich dafür sorgen, daß meine ungesunde Einstellung dazu nicht mehr dem Willen Gottes im Weg steht. Ich muß meine Abneigung Gott und meinem Partner bekennen und danach Gott danken, daß ich fortan nicht mehr Sklave dieses Widerwillens sein muß.

Offene Gespräche

Wie kommt es eigentlich, daß wir über viele Dinge locker plaudern können, bei der Sexualität aber sofort verstummen? Ihre Frau wird nichts über Ihre Gefühle, Bedürfnisse und Wünsche erfahren, wenn Sie nicht darüber reden. Ihr Mann weiß nicht, was Ihnen Freude macht, wenn Sie es ihm nicht mitteilen. Ich habe noch nie gehört, daß ein Paar ohne regen Gedankenaustausch sexuell eins geworden ist.

Es saß einmal eine Frau in meinem Büro, die erzählte, daß sie bereits drei Jahre verheiratet sei, ohne jemals einen sexuellen Höhepunkt erlebt zu haben. Sie habe dies ihrem Mann nicht erzählt, weil sie fürchtete, ihn damit zu verletzen. Vielleicht stimme ja mit ihr etwas nicht. Sie hatte mit ihrem Arzt darüber gesprochen, doch der hatte ihr mitgeteilt, daß nichts Körperliches vorliege. Auf mein Anraten sprach sie dann doch mit ihrem Mann, und nach kurzer Zeit war das Problem gelöst. Der Mann konnte nichts tun, solange er nicht wußte, daß überhaupt ein Problem vorlag. Allerdings sollte sich auch der Mann ab und zu erkundigen, ob seine Frau sich sexuell befriedigt fühlt.

Um durch meine Seminare zu vermehrter Kommunikation anzuregen, bitte ich die Teilnehmer regelmäßig, auf einem Blatt Papier dem Partner ein paar Anregungen für ihr Sexualleben aufzuschreiben. So lautet z. B. die Frage: „Was würden Sie Ihrem Partner vorschlagen, damit Ihnen die körperliche Liebe noch mehr Spaß macht?“ Eine Aufstellung möglicher Vorschläge ist diesem Kapitel angefügt. Mögen Sie Ihnen und Ihrem Partner dazu dienen, über dieses Thema ins Gespräch zu kommen.

Den Sinn der Sexualität verstehen

Bei manchen Paaren kann sich ein gesundes Geschlechtsleben nicht entwickeln, weil sie den in der Schrift offenbarten Sinn der Sexualität nicht kennen. Der offenkundigste, aber längst nicht einzige Zweck der Sexualität ist die Fortpflanzung. Nachdem Gott den Menschen als Mann und Frau geschaffen hatte, gebot er: „Seid fruchtbar und vermehrt euch, und füllt die Erde“ (1. Mose 1,28). Durch den Geschlechtsakt zum Zweck der Fortpflanzung läßt Gott uns bewußt am Schöpfungsakt eines neuen Lebens teilhaben. Es gibt kaum etwas Bewegenderes, als in das Gesicht eines kleinen Wesens zu schauen, das ein Zeichen der Liebe zum Partner ist.

Immer wieder lesen wir in der Schrift, daß Kinder eine Gabe Gottes sind. Wie sollen wir dann aber zur Verhütung stehen? Die einen argumentieren, daß das ursprüngliche Gebot Gottes, die Erde zu bevölkern, längst erfüllt ist. Deshalb müssen wir uns beschränken, damit sie nicht überfüllt wird.

Wenn man einmal an die Hungerkatastrophen dieser Welt denkt, erscheint einem diese Auslegung auf einmal gar nicht mehr so verkehrt.

Es spricht aber noch ein höheres Prinzip für Geburtenkontrolle. Wir sind als vernunftbegabte Wesen erschaffen worden, die selber Verantwortung tragen sollen. Überall in der Schrift gibt es Hinweise darauf, daß die Eltern für das Wohl ihrer Kinder verantwortlich sind. Und als verantwortungsbewußte Eltern müssen wir unseren Verstand einsetzen, um zu entscheiden, wie viele Kinder wir tatsächlich versorgen können. So wie Gott uns die Medizin durch kluge Männer und Frauen geschenkt hat, so hat er uns auch Mittel an die Hand gegeben, um unsere Nachkommenschaft zu begrenzen. Bemerkenswert ist ja, daß diese Kenntnis gerade der Generation zur Verfügung steht, die bisher am stärksten von der Überbevölkerung betroffen ist. Als Christen stehen wir in der Verantwortung, alle Gottesgaben verantwortungsbewußt einzusetzen. Deshalb glaube ich, daß ein Paar ausführlich darüber reden sollte, wann es sich zur Geburtenkontrolle entscheidet und welche Methode es einsetzen will.

Der Geschlechtsverkehr innerhalb der Ehe hat aber noch eine weitere Funktion. Nach den Aussagen der Bibel ist er auch dazu da, unser leibliches und seelisches Bedürfnis nach Sexualität zu befriedigen.

Paulus spricht darüber in 1. Korinther 7,3-5:

> Der Mann leiste der Frau die eheliche Pflicht, ebenso aber auch die Frau dem Mann. Die Frau verfügt nicht über ihren eigenen Leib, sondern der Mann; ebenso aber verfügt auch der Mann nicht über seinen eigenen Leib, sondern die Frau. Entzieht euch einander nicht, es sei denn nach Übereinkunft eine Zeitlang, damit ihr euch dem Gebet widmet und dann wieder zusammen seid, damit der Satan euch nicht versuche, weil ihr euch nicht enthalten könnt.

Paulus weiß ganz genau, wie stark das körperliche und seelische Verlangen des Mannes nach der Frau und der Frau nach dem Mann ist. Wir sind schließlich geschlechtliche Wesen, und wir spüren das Verlangen nach Sexualität. Deshalb ist es ja auch, wie schon besprochen, unser größtes Problem vor der Ehe, diesen starken Sexualtrieb zu beherrschen. Innerhalb der Ehe kann sich dieser Trieb dann im Geschlechtsakt voll entfalten.

Unser Geschlechtstrieb ist normal und gottgegeben. Und mit diesem Trieb hat Gott auch Möglichkeiten der Erfüllung erdacht. Er will, daß wir unsere Sexualität in der Ehe regelmäßig ausleben.

Nehmen wir einander dieses Recht, mißachten wir, was Gott sich für uns erdacht hat. Wenn Eheleute sich dessen bewußter wären, wäre die Zahl außerehelicher Beziehungen sicher wesentlich geringer.

Nun mag eine Frau einwenden: „Ich habe aber gar nicht so oft Lust auf Geschlechtsverkehr wie mein Mann." Reden Sie mit Ihrem Mann ganz offen und ehrlich darüber. Signalisieren Sie ihm aber auch, daß Sie grundsätzlich bereit sind, etwas zur Befriedigung seines Verlangens zu tun. Es muß ja nicht immer ein langes Vorspiel sein, und schweißtreibende Akrobatik ist auch nicht nötig, wenn Sie erschöpft sind. Sagen Sie Ihrem Mann, daß Sie ihn lieben und ihm sein Verlangen stillen möchten. Für dieses Grundbedürfnis muß oft gar nicht viel Aufwand getrieben und viel Energie eingesetzt werden. Und die Frau muß auch nicht unbedingt immer zum Höhepunkt kommen, wenn sie gar kein Verlangen danach hat. Wenn Grundbedürfnisse befriedigt werden, dann ist ein Zweck der körperlichen Liebe schon erfüllt.

Die Schrift offenbart uns noch eine weitere Aufgabe der Sexualität: Sie soll uns einfach nur Freude schenken. All jene, die glauben, daß Gott nur darauf aus ist, seinen Untertanen das Leben schwer zu machen, mögen mit dieser Erkenntnis ihre Schwierigkeiten haben. Aber die Schrift stellt ganz deutlich heraus, daß Gott immer nur Gutes für uns im Sinn hat: „Denn ich kenne ja die Gedanken, die ich über euch denke, spricht der HERR, Gedanken des Friedens und nicht zum Unheil, um euch Zukunft und Hoffnung zu gewähren" (Jeremia 29,11). Gott war ja nicht gezwungen, den Geschlechtsakt zu einer lustvollen Sache zu machen. Aber er hat es getan.

In 1. Mose 18 wird von einer interessanten Begebenheit aus dem Leben von Abraham und Sara berichtet. Der Bote Gottes war zu ihnen gekommen, um ihnen anzukündigen, daß sie doch noch einen Sohn haben würden. Eine verlockende Vorstellung. Aber Abraham war schon 100 Jahre alt und Sara 90! Wie Sie sich erinnern werden, stellte Abraham dem himmlischen Boten eine sehr vernünftige Frage. Und die Schrift berichtet auch, wie Sara reagierte: „Und Sara lachte in ihrem Innern und sagte: Nachdem ich alt geworden bin, sollte ich noch Liebeslust haben? Und auch mein Herr ist ja alt!" Sara spricht hier ganz offen darüber, daß das geschlechtliche Beisammensein mit „Liebeslust" verbunden ist. Sie ist zwar schon betagt, und ihr Körper funktioniert nicht mehr so wie früher, aber sie ist noch nicht zu alt, um sich daran zu erinnern, daß die Liebe früher Spaß gemacht hat.

Das Hohelied Salomos ist ein Lobgesang auf die Freuden der körperlichen Liebe (6,1-9; 7,1-10). Die verwendeten Bilder sind unserer Kultur vielleicht fremd, aber was sie aussagen sollen, ist trotzdem klar: Mann und Frau sollen Spaß aneinander haben.

Eine weitere interessante Passage finden wir in 5. Mose 24,5: „Wenn ein Mann erst kurz verheiratet ist, soll er nicht mit dem Heer ausziehen, und es soll ihm keinerlei Verpflichtung auferlegt werden. Er soll ein Jahr lang für sein Haus frei sein und seine Frau, die er genommen hat, erfreuen." Es ist eindeutig, was mit „erfreuen" gemeint ist. Es geht um die sexuelle Befriedigung. Ein Jahr lang soll er zu Hause bleiben dürfen, um seine Frau „zu erfreuen". Das sind in der Tat lange Flitterwochen!

Apropos Flitterwochen – darüber sollten wir noch ein paar Worte verlieren. Wir versuchen oft, sie in wenigen Tagen „abzuhandeln". Es soll ja angeblich der Himmel auf Erden sein, aber für so manches Paar sind sie eine herbe Enttäuschung. Wenn Gott uns ein ganzes Jahr der Freude gönnt, wie kommen wir dann darauf, daß wir schon in drei Tagen ins Paradies der Liebe gelangen? Das körperliche Einswerden braucht Zeit.

Die typischen Flitterwochen in unserer Kultur sind eigentlich eine Zeit voller Unruhe und Hektik. Wochenlang hatten wir mit den Hochzeitsvorbereitungen zu tun. Die letzten Junggesellenabende und der Polterabend sind überstanden. Die letzte Handvoll Reis ist über uns herabgeregnet. Und nun sind wir endlich allein. Derart erschöpft sollen wir nun lustvoll die Liebe genießen. Unsere erste sexuelle Begegnung findet also nicht unter allzu günstigen Bedingungen statt.

Erwarten Sie nicht zuviel von Ihrer Hochzeitsnacht. Wenn es gut geht, ist sie der gelungene Auftakt für einen längeren Prozeß. Die sexuelle Lust wird gering sein im Vergleich zu allem, was schon nach einem Jahr möglich ist, wenn Sie bereits viel stärker zusammengewachsen sind.

Freude und Liebe haben sehr viel miteinander zu tun, denn ein Anliegen der Liebe ist es, Freude zu schenken. Deshalb ist das Liebesspiel auch eine vielsagende Ausdrucksform der gegenseitigen Zuneigung, wenn sich zwei Menschen aneinander verschenken.

Wie wir eins werden

Es wird Zeit brauchen, bis wir nach biblischem Vorbild wirklich „ein Fleisch" werden. Aber wenn wir das Ziel gemeinsam anstreben, werden wir es auch erreichen. Ein Verständnis für die körperlichen und seelischen Unterschiede zwischen den Geschlechtern wird uns dabei helfen.

Man sollte z. B. wissen, daß der männliche Sexualtrieb stärker körperlich bedingt ist als der weibliche. Die männlichen Keimdrüsen produzieren ständig Spermien. Diese stauen sich zusammen mit der Samenflüssigkeit in den Samenblasen. Bei entsprechender Füllung wächst der Drang nach Entleerung. Etwas Vergleichbares geschieht im weiblichen Körper nicht.

Bei der Frau ist der Sexualtrieb eher seelischer Natur. Die Unterschiede sind offenkundig. Einem Mann dürfte es kaum schwerfallen, nach einem handfesten Ehekrach mit seiner Frau zu schlafen. Die Frau aber würde sicher große Schwierigkeiten haben. Bei ihr spielen die Gefühle eine zu große Rolle. Sie erlebt keine sexuelle Befriedigung, wenn irgend etwas in der Beziehung „nicht stimmt".

Die Anregungen auf den folgenden Seiten werden zeigen, daß für die Frau ein gutes Sexualklima schon am Morgen beginnt und es sich im Laufe des Tages durch viele kleine Aufmerksamkeiten des Partners nur noch steigert. Freundlichkeit und ein zuvorkommendes Auftreten des Ehemannes sind günstige Voraussetzungen für ein befriedigendes Sexualleben.

Auch beim Liebesspiel selbst ist es wichtig, sich der körperlichen und seelischen Unterschiede zwischen Mann und Frau bewußt zu sein. Der Mann kommt meist schneller zum Höhepunkt. Und auch schon kurz danach tritt die Entspannung ein. Die Erregung der Frau dagegen steigt verhältnismäßig langsam und nimmt auch erst allmählich wieder ab. Darauf müssen Mann und Frau Rücksicht nehmen, wenn körperliches Einswerden ihr Ziel ist. Einige Vorschläge auf den nächsten Seiten berücksichtigen dies.

Es würde den Rahmen dieses Buches sprengen, wollte ich auf alle Details eines erfüllten Liebeslebens hier eingehen. Es gibt aber ausgezeichnete Bücher speziell zu diesem Thema.

Übungen und Fragen, die weiterhelfen

Für Ehepaare:

1. Wie beurteilen Sie das Sexualleben in Ihrer Ehe?
   ___ *ausgezeichnet* ___ *gut* ___ *mittelmäßig* ___ *schlecht*

2. Schreiben Sie ein paar Gedanken dazu auf.

3. Als Frau sollten Sie den Abschnitt Was Frauen sich von ihren Männern wünschen auf der nächsten Seite durchlesen. Bei welchen Punkten würden Sie sich anschließen?

4. Als Mann sollten Sie den Abschnitt *Was Männer sich von ihren Frauen wünschen* auf der nächsten Seite durchlesen. Bei welchen Punkten würden Sie sich anschließen?

5. Wenn Sie beide gut gelaunt sind, sollten Sie mit Ihrem Partner in lokkerer Atmosphäre über das, „was Sie sich von ihm wünschen" reden. Nehmen Sie das, was Ihr Partner vorträgt, zunächst einmal zur Kenntnis, und versuchen Sie nicht, sich zu verteidigen. Zweck solcher Gespräche ist, daß Sie sich näherkommen. Es geht nicht darum, Standpunkte zu vertreten.

6. Ein andermal könnten Sie aufschreiben, was Sie tun wollen, um Ihre Liebesbeziehung noch vertrauter und schöner werden zu lassen. Gehen Sie nach einem Monat diese Liste noch einmal durch, und prüfen Sie, welche Fortschritte Sie gemacht haben. Setzen Sie sich jeden Monat neue Ziele.

Für Verlobte und solche, die es werden wollen:

1. Haben Sie sich als Mann bzw. als Frau ganz angenommen?
   _ *ganz und gar* _ *überhaupt nicht* _ *Ich habe mir noch keine Gedanken darüber gemacht.*

2. Wenn Sie verlobt sind oder sich verloben wollen, dann sollten Sie sich mit Ihrem Partner darüber unterhalten, wozu es aus biblischer Sicht die Sexualität gibt. Orientieren Sie sich an diesem Kapitel. Können Sie nachvollziehen, was die Bibel sagt?

3. Wie denken Sie über die Zahl der Kinder und über Geburtenkontrolle? Hat Ihr Partner ähnliche Ansichten?

4. Lesen Sie ein Buch, das Sie als Verlobte in die Sexualität einführt.

Was Männer sich von ihren Frauen wünschen

Wie Ihr Liebesleben noch schöner werden kann

1. Mach dich hübsch, wenn wir ins Bett gehen – bitte keine Lockenwickler! Zieh nicht immer nur deinen altmodischen Bademantel und das lange Nachthemd an.

2. Ergreife auch ab und an die Initiative.

3. Sei phantasievoll. Komm mal mit verrückten Ideen.

4. Schäme dich nicht, mir zu zeigen, daß es dir Spaß macht.

5. Sei ein bißchen flexibler mit deiner Zeiteinteilung, damit wir nicht immer nur dann zusammenkommen, wenn wir beide müde und erschöpft sind.

6. Zieh dich adretter an, wenn ich zu Hause bin – keinen Hausmantel und keine Schlappen.

7. Tu Dinge, die meine Aufmerksamkeit erregen. Männer lassen sich gern von einem schönen Anblick betören.

8. Sprich freimütiger über Sex und die Liebe. Laß mich wissen, wann du genug erregt bist, um das Vorspiel zu beenden.

9. Bleib nicht abends so lange auf.

10. Mach mir abends keine Vorwürfe, wenn dir am Tag eine Laus über die Leber gelaufen ist.

11. Laß uns hin und wieder auch länger im Bett zusammen sein.

12. Du solltest mehr über meine Bedürfnisse und Wünsche als Mann wissen.

13. Sei aufgeschlossener und ungezwungener bei der Liebe. Sei bereit, auch einmal etwas zu tun, was dir nicht so viel Spaß macht.

14. Sei flexibler, was den Zeitpunkt betrifft. (Es muß nicht immer abends im Bett sein!)

15. Zeige mir noch mehr, daß auch du Spaß an der Liebe hast, und nimm zur Kenntnis, daß Zärtlichkeiten und das Vorspiel für mich genauso wichtig sind wie für dich.

16. Sei experimentierfreudiger, was unterschiedliche Stellungen angeht.

17. Laß nicht zu, daß Alltagssorgen und Ärger unser Liebesleben beeinträchtigen.

18. Laß uns mindestens einmal in der Woche einfach nur entspannt und ungezwungen schmusen.

19. Gib dich nicht immer so verführerisch, wenn hinterher nichts kommt.

20. Tu nicht immer so, als würdest du nicht wollen.

21. Sei entspannter und ausgelassener, wenn wir uns lieben.

22. Sag nicht so oft nein.

23. Spiel mir nichts vor.

24. Versuche nicht, mich dadurch zu bestrafen, daß du dich mir entziehst oder nur widerwillig mitmachst.

25. Geh mit mir um, wie du einen Liebhaber behandeln würdest.

26. Laß dir auch einmal etwas sagen, wenn ich Vorschläge mache, wie unser Liebesleben schöner gestaltet werden könnte.

Was Frauen sich von ihren Männern wünschen

Wie Ihr Liebesleben noch schöner werden kann

1. Sei zärtlicher und aufmerksamer den ganzen Tag über. Wenn du von der Arbeit nach Hause kommst, möchte ich einen Kuß von dir.

2. Nimm dir mehr Zeit fürs Vorspiel. Zärtlichkeit, Verspieltheit und romantisches Bettgeflüster sind mir wichtig.

3. Ergreife auch ab und zu tagsüber die Initiative, und warte nicht immer, bis wir abends müde ins Bett fallen.

4. Zeige mehr Verständnis, wenn ich mich einmal wirklich nicht wohl fühle.

5. Ergreife die Initiative. Warte nicht, bis ich den ersten Schritt tue.

6. Nimm mich so an, wie ich bin. Du solltest mich auch mögen, wenn du nicht immer nur meine Schokoladenseite mitbekommst.

7. Sag mir auch mal, daß du mich liebst, wenn wir nicht zusammen im Bett sind. Ruf mal an, und sage: „Ich liebe dich!" Sag es auch ab und zu in Gegenwart von anderen.

8. Während ich noch unter der Dusche stehe, könntest du schon romantische Musik im Radio suchen.

9. Behandle mich wie deine Frau und nicht wie eins deiner Kinder.

10. Ehre Christus als das Haupt unserer ganzen Familie.

11. Schreib hin und wieder ein Zettelchen mit einem lieben Gruß.

12. Unterhalte dich mit mir nach der Liebe, und sei auch hinterher noch zärtlich.

13. Sei lieb und zärtlich zu mir, lange bevor wir zusammen ins Bett gehen.

14. Sei auch noch am Morgen danach an mir interessiert.

15. Gib mir nicht das Gefühl, ich würde dich langweilen.

16. Zeig mir auch dadurch deine Liebe, daß du mit mir den Abwasch machst.

17. Komm rechtzeitig ins Bett, und sitz nicht bis spät in die Nacht vor der „Glotze".

18. Sei auch einmal ausgelassen. Laß uns zusammen blödeln.

19. Bring mir hin und wieder einen Blumenstrauß oder etwas Süßes mit, wenn du es dir leisten kannst.

20. Kauf mir gelegentlich schöne Dessous, ein duftendes Parfüm oder sonst etwas Ausgefallenes.

21. Sei auch zärtlich zu mir (Händchenhalten, Umarmung oder Kuß), wenn wir ganz banale Dinge tun (wie fernsehen oder Auto fahren).

22. Gib mir das Gefühl, daß ich körperlich anziehend für dich bin, indem du mir öfter ein Kompliment machst.

23. Laß mich bei dir wesentlich stärker an Freud und Leid teilhaben. Sprich offener über deine Wünsche und Bedürfnisse. Sei nicht immer so schweigsam.

24. Laß uns offen darüber sprechen, wie wir gemeinsam etwas tun können, um deinen Samenerguß hinauszuzögern.

25. Mach mir auch mal Komplimente für die kleinen Nebensächlichkeiten. (Sag, wie es dir geschmeckt hat und daß du dich über die aufgeräumte Wohnung freust.)

26. Laß uns zusammen beten, wenn du Probleme hast, oder danken, wenn dir etwas gelungen ist. Habe auch du ein offenes Ohr für meine Anliegen.

27. Mach mit mir ab und zu einen Spaziergang.

28. Übernimm mehr Verantwortung bei der Versorgung der Kinder,

damit ich mich auch manchmal abends hinsetzen und entspannen kann.

29. Habe mehr Geduld mit mir, und mach dich nicht lustig über mich, wenn ich nicht so schnell zum Höhepunkt komme.

30. Laß unser Liebesleben nicht zum Ritual erstarren. Laß uns die Liebe jedesmal ganz neu erleben. Laß uns experimentieren. Es muß ja nicht immer das Bett sein.

31. Du solltest keine Liebesnacht mit mir verbringen wollen, wenn du mir noch irgend etwas nachträgst. Laß uns immer vorher alles bereinigen, damit unser Beisammensein wirklich Ausdruck von Liebe und Zuneigung ist.

32. Gib mir das Gefühl, daß du mich als Mensch schätzt – nicht nur als Hausfrau und Mutter.

33. Mach mir auch gelegentlich Komplimente in Gegenwart von anderen.

34. Zeige mir, daß du nicht nur zur Eros-Liebe fähig bist, sondern auch zur Agape-Liebe.

35. Laß uns öfter zusammen „stille Zeit" machen und über alles sprechen, was uns bewegt.

10. „Wenn Sie wüßten, was ich für eine Schwiegermutter habe!“

Das Verhältnis zu den Schwiegermüttern ist in unserer Gesellschaft so sprichwörtlich schlecht, daß wir es oft gar nicht zuzugeben wagen, wie gut wir mit unserer eigenen auskommen. Eine gütige Schwiegermutter ist oft fast genauso wertvoll wie ein liebender Ehepartner. Ist sie jedoch ein krankhaft egozentrisches Wesen, kann sie zu einem „Pfahl im Fleisch“ werden, der uns ständig plagt.

Was sagt die Bibel darüber, wie wir mit unseren Schwiegereltern umgehen sollen, die ja schließlich für den einen Partner die Eltern sind? Wie reagieren wir, wenn sie uns raten, Vorschläge machen oder ihre Bedürfnisse anmelden? Was können wir unternehmen, wenn sie sich zu sehr einmischen und die Einheit zwischen den Partnern bedrohen?

Die Eltern „verlassen“

Zwei Prinzipien gibt es, an die wir uns gleichermaßen halten müssen. Das erste finden wir in 1. Mose 2,24. Dort lesen wir: „Darum wird ein Mann seinen Vater und seine Mutter verlassen und seiner Frau anhangen, und sie werden zu einem Fleisch werden.“ Dieser Gedanke wird noch einmal in Epheser 5,31 aufgegriffen. Nach Gottes Vorstellung gehört also zur Ehe, daß Mann und Frau die Eltern verlassen und einander „anhangen“. Ehe bedeutet einen Wechsel der Zugehörigkeit. Vor der Hochzeit steht man in einem Treueverhältnis zum Elternhaus, und danach ist der Lebensgefährte unser erster Verbündeter.

Der junge Mensch löst sich vom sprichwörtlichen Schürzenzipfel der Mutter. Lebensstütze sind nun nicht mehr die Eltern, sondern der Ehepartner. Ist der Mann gezwungen, bei einem Konflikt zwischen seiner Mutter und der Ehefrau zu entscheiden, muß er seiner Frau beistehen. Das heißt natürlich nicht, daß die Mutter unfreundlich und abweisend behandelt werden sollte. Das ist das zweite Prinzip, mit dem wir uns gleich beschäftigen werden. Das Gebot, sich von den Eltern zu lösen, ist von besonderer Tragweite. Ein Paar wird niemals das für seine Ehe erreichen, was es erreichen könnte, wenn die seelische Lösung vom Elternhaus nicht stattfindet.

Was bedeutet dieses Prinzip nun in der Praxis? Ich denke, daß eins wichtig ist: Das jung verheiratete Paar und die Eltern sollten möglichst getrennt wohnen. Wenn ein Paar mit den Eltern unter einem Dach lebt, kann es nicht so schnell und unabhängig seinen eigenen Lebensstil entwickeln. Es bleibt ein Abhängigkeitsverhältnis bestehen. Es ist besser, sich in einer schlichten Wohnung mit Gottes Hilfe frei zu entfalten, als im Schatten der Eltern von deren gehobenem Lebensstil zu profitieren. Die Eltern sollten diese Abnabelung fördern. Und der Hochzeitstermin sollte sich danach richten, wie bald ein eigenes Heim für das Paar zur Verfügung steht.

Die Eltern verlassen bedeutet aber auch, für die eigenen Entscheidungen die Verantwortung zu übernehmen. Die Eltern können sicher so manchen guten Rat für das Leben zu zweit geben. Solche Vorschläge sollten ernst genommen werden, aber letztlich müssen Sie selber entscheiden, was Sie tun. Das wichtigste Kriterium sollte allerdings nun nicht mehr sein, was den Eltern gefallen würde. Entscheidend ist in Zukunft allein, was den Partner glücklich macht. Vor Gott sind Sie eine neue Einheit, die durch den Heiligen Geist zusammengeführt wurde, um füreinander zu leben (Philipper 2,3-4).

Das bedeutet vielleicht, daß eines Tages der Mann mit seiner Schwiegermutter ein ernstes Gespräch führen muß: „Liebe Schwiegermama, du weißt, daß ich dich gern habe, aber du weißt auch, daß ich jetzt mit deiner Tochter verheiratet bin. Ich kann meine Ehe nicht aufs Spiel setzen, nur um dir alles recht zu machen. Ich mag dich, und ich möchte dir helfen, doch ich muß das tun, was nach meiner Meinung das Richtige für mich und meine Frau ist. Ich hoffe sehr, daß du Verständnis dafür hast, weil ich eigentlich das gute Verhältnis, das wir all die Jahre miteinander hatten, nicht gefährden möchte. Solltest du mich aber dennoch nicht verstehen, so mußt du die Konsequenzen tragen. Es ist meine Pflicht, alles zu tun, was meine Ehe festigt."

Wenn Sie meinen, dies sei nicht der richtige Ton, dann seien Sie dankbar. Offenkundig haben Sie selber keine starrköpfige, egoistische und launische Schwiegermutter. Doch es gibt sie leider. Eine klare Sprache in einem freundlichen Ton ist genau die Form der Zurechtweisung, die die Bibel in solchen Situationen von uns erwartet. Ein Mann darf es nicht dulden, daß seine Mutter auch noch nach der Hochzeit sein Leben bestimmt. Das will die Bibel nicht.

Andererseits sollte der Rat der Eltern nicht ungehört verhallen. Sie sind schließlich älter und wahrscheinlich auch ein bißchen weiser. Ein gutes Beispiel für die Weisheit eines Schwiegervaters finden wir in 2. Mose 18. Mose arbeitete von früh bis spät als Berater und Schiedsmann für das Volk Israel. Die Warteschlangen wurden immer länger, und so blieb wenig Zeit für Verschnaufpausen.

Wir lesen in der Schrift: „Da sagte Moses Schwiegervater zu ihm: Die Sache ist nicht gut, die du tust. Du reibst dich auf, sowohl du als auch dieses Volk, das bei dir ist. Die Aufgabe ist zu schwer für dich, du kannst sie nicht allein bewältigen. Höre nun auf meine Stimme, ich will dir raten" (17-19).

Der Schwiegervater machte nun ein paar Verbesserungsvorschläge zur Organisation (2. Mose 19-20), und Mose befolgte sie, wodurch er seine Reife bewies. Er mußte nicht von vornherein dagegen sein, nur weil es ein Rat vom Schwiegervater war. Mose war selbstsicher genug, um einen guten Rat annehmen zu können, ganz gleich, woher er kam.

Die Lösung von den Eltern hat auch Auswirkungen auf das Eheleben, wenn es zu Konflikten kommt. Eine junge Frau, die es gewohnt war, bei ihrer Mutter Schutz zu suchen, wird auch gleich zu ihrer Mutter laufen, wenn es in der Ehe Probleme gibt. Am nächsten Tag sieht der Mann seinen Fehler ein. Er entschuldigt sich, und der Friede ist wiederhergestellt. Doch die Tochter versäumt es, ihrer Mutter davon zu erzählen. Beim nächsten Streit vertraut sie sich ihr wieder an. Das wird ein festes Ritual, und eines Tages ist die Mutter derart schlecht auf ihren Schwiegersohn zu sprechen, daß sie ihrer Tochter zur Scheidung rät. Diese ist ihrem Mann gegenüber nicht fair gewesen, denn sie hat es versäumt, ihr Elternhaus zu verlassen.

Wenn es in Ihrer Ehe zu Konflikten kommt (was in den meisten Ehen passiert), sollten Sie zunächst bemüht sein, sie in den eigenen vier Wänden zu lösen. Die Krise kann zum Sprungbrett für einen fortgesetzten Reifeprozeß in der Ehe werden. Sollten Sie den Eindruck haben, Hilfe von außen sei nötig, dann wenden Sie sich an Ihren Pastor oder einen gläubigen Eheseelsorger. Sie sind von Gott speziell dazu beauftragt worden, in solchen Situationen praktische Hilfe zu leisten. Sie können auch objektiv sein und biblische Leitlinien vermitteln. Den Eltern dagegen wird es selten gelingen, wirklich objektiv zu sein.

Die Eltern ehren

Das zweite Prinzip, das unsere Beziehung zu den Eltern betrifft, wird in 2. Mose 20,12 angesprochen. Es gehört zu den Zehn Geboten: „Ehre deinen Vater und deine Mutter, damit deine Tage lange währen in dem Land, das der HERR, dein Gott, dir gibt.“ Ein weiteres Mal steht dieses Gebot in 5. Mose 5,16 und in Epheser 6,2.

Dieses Gebot ist später niemals revidiert worden. Solange die Eltern leben, haben sie ein Recht darauf, in Ehren gehalten zu werden. In Epheser 6,1 schreibt Paulus: „Ihr Kinder, gehorcht euren Eltern im Herrn, denn das ist recht.“ Von der Geburt bis zur Lösung von unserem Elternhaus als Erwachsene sind wir den Eltern Gehorsam schuldig. Ehren aber sollen wir sie unser ganzes Leben lang. Paulus fügt deshalb noch hinzu: „Ehre deinen Vater und deine Mutter – das ist das erste Gebot mit Verheißung – auf daß es dir wohlgehe und du lange lebst auf der Erde“ (Epheser 6,2-3).

Ehren heißt Respekt entgegenbringen. Es ist natürlich eine Tatsache, daß sich nicht alle Eltern durch ihren Lebenswandel solch einen Respekt verdienen. Aber weil auch sie nach dem Bild Gottes erschaffen wurden, sind sie dieser Ehre würdig. Sie können sie aufgrund ihrer Stellung respektieren oder einfach nur deshalb, weil sie menschliche Wesen sind.

Wie aber findet dieser Respekt Ausdruck im täglichen Leben? Indem wir uns besuchen, miteinander telefonieren oder schreiben. Damit drükken Sie aus, daß Sie Ihre Schwiegereltern bzw. Eltern noch gern mögen und den Kontakt nicht abbrechen lassen wollen. Lösung vom Elternhaus bedeutet nicht, jeden persönlichen Kontakt abzubrechen. Wer seine Eltern ehren will, muß schließlich mit ihnen in Verbindung bleiben. Ein langes Schweigen dagegen sagt: „Ihr seid mir egal!“ Wichtig dabei ist allerdings, daß wir keins der Elternpaare bevorzugt behandeln. Wir sollten für beide etwa gleichviel Zeit und Energie erübrigen.

Besonders problematisch wird es meist an den Feiertagen – Ostern und Weihnachten. Die Mutter des Mannes lädt zum Heiligabend ein, die Mutter der Frau zum Feiertagsbraten. Leben alle in einer Stadt, mag man sich arrangieren. Aber wenn Hunderte von Kilometern dazwischenliegen, wird es eng. Dann versucht man, den gerechten Ausgleich am besten dadurch zu erreichen, daß man sich jedes Jahr abwechselt.

Ehren heißt auch, den richtigen Ton bei unseren Eltern und Schwiegereltern zu finden. Paulus ermahnt: „Einen älteren Mann fahre nicht hart an, sondern ermahne ihn als einen Vater“ (1. Timotheus 5,1). Wir sollten soviel Verständnis aufbringen wie möglich. Wir sind zwar aufgerufen, immer die Wahrheit zu sagen – aber in Liebe (Epheser 4,15). Das Gebot in Epheser 4,31-32 sollte auch in unserer Beziehung zu den Eltern gelten: „Alle Bitterkeit und Wut und Zorn und Geschrei und Lästerung sei von euch weggetan, samt aller Bosheit. Seid aber zueinander gütig, mitleidig, und vergebt einander, so wie Gott in Christus euch vergeben hat." Auch 1. Timotheus 5,4 spricht davon, wie Eltern geehrt werden können: „Wenn aber eine Witwe Kinder oder Enkel hat, so mögen sie zuerst lernen, dem eigenen Haus gegenüber gottesfürchtig zu sein und Empfangenes den Eltern zu vergelten; denn dies ist angenehm vor Gott." Als wir klein waren, haben sich unsere Eltern um unser leibliches Wohl gekümmert. Wenn sie dann alt werden, müssen wir bereit sein, dasselbe für sie zu tun. Wer dies nicht tut, verleugnet den Glauben (1. Timotheus 5,8). Wie wir mit den Eltern umgehen, ist ein Spiegelbild unseres Glaubens.

Nehmen Sie Ihre Eltern und Schwiegereltern so, wie sie nun einmal sind. Glauben Sie nicht, es sei Ihre Aufgabe, sie noch zu ändern. Wenn sie keine Christen sind, werden Sie für sie beten wollen und nach einer Gelegenheit suchen, sie mit Christus bekannt zu machen. Versuchen Sie es aber nicht mit der Brechstange! Sie als Paar erwarten von ihnen, daß Sie ungestört Ihre Ehe aufbauen können. Treten Sie den Eltern dann mit der gleichen Toleranz gegenüber.

Kritisieren Sie Ihre Schwiegereltern nicht in Gegenwart Ihres Partners. Er soll seine Eltern ehren. Lassen Sie aber kein gutes Haar an ihnen, gerät der Partner in einen Gewissenskonflikt. Wenn Ihr Partner seine eigenen Eltern kritisiert und nur noch über ihre Fehler redet, dann sollten Sie auf ihre Stärken hinweisen. Vielleicht fällt es dem Partner dann leichter, sie auch zu ehren.

Die Bibel nennt uns ein paar wunderbare Beispiele für sehr innige Beziehungen zwischen Menschen und ihren Schwiegereltern. Mose hatte solch ein gutes Verhältnis zu seinem Schwiegervater Jetro. Als Mose ihm berichtete, er wolle auf Gottes Geheiß Midian verlassen, um die Israeliten aus Ägypten zu führen, da sagte Jetro: „Geh hin in Frieden!" (2. Mose 4,18). Später, nachdem Mose seinen Auftrag erfolgreich ausgeführt hatte, suchte ihn sein Schwiegervater sofort auf.

Wir lesen: „Da ging Mose hinaus, seinem Schwiegervater entgegen, verneigte sich und küßte ihn, und sie fragten einer den andern nach ihrem Wohlergehen und gingen ins Zelt" (2. Mose 18,7). Es war bei dieser Begegnung, daß Jetro Mose jenen Rat gab, über den wir schon gesprochen haben. Die Bereitschaft, seinem Schwiegervater zuzuhören, sagt etwas über das Wesen ihrer Beziehung.

Auch die Beziehung zwischen Rut und Noomi ist ein Beispiel für die Hingabe einer Schwiegertochter an ihre Schwiegermutter nach dem Tod der beiden Ehemänner.

Freiheit und Harmonie, Loslösung und Zuwendung – das sind die Merkmale des biblischen Ideals für die Beziehungen zu unseren Eltern und Schwiegereltern.

Sind Sie selber Schwiegermutter oder Schwiegervater?

Wechseln wir nun den Standpunkt. Von der Geburt bis zu dem Augenblick, da sie das Haus verlassen, haben wir unseren Kindern beigebracht, wie man auf eigenen Füßen steht. Wir haben ihnen gezeigt, wie man kocht und abwäscht, die Betten macht, Kleidung einkauft, sparsam mit dem Geld umgeht und weise Entscheidungen trifft. Wir haben sie unterwiesen, Autorität zu achten und Respekt vor dem Leben anderer Menschen zu haben. Kurz gesagt, wir wollten, daß sie reife Menschen werden.

Wenn sie dann das Haus verlassen und eventuell heiraten, ist die Ausbildungszeit beendet, und sie führen nun selbständig ihr eigenes Leben. Man kann nur hoffen, daß es uns gelungen ist, sie auf dem Weg von der völligen Abhängigkeit des Kleinkindes bis zur Entlassung am Hochzeitstag richtig zu führen. Von diesem Augenblick an müssen wir sie als erwachsene Menschen respektieren, die nun selbständig ihren eigenen Kurs bestimmen – wohin immer er auch führen mag. Niemals wieder dürfen wir ihnen unseren Willen aufzwingen. Statt dessen müssen wir sie von nun an als unseresgleichen respektieren.

Das heißt nicht, daß wir unsere Hilfe einstellen. Doch unser Beistand muß so verantwortungsvoll dosiert werden, daß wir die Selbständigkeit fördern und nicht einschränken. Wenn wir die Kinder z. B. finanziell unterstützen, dann immer nur als Hilfe zur Selbsthilfe. Sie dürfen nicht auf Dauer finanziell von uns abhängig werden. Es sollte also nicht so sein, daß wir ihnen einen Lebensstil ermöglichen, den sie aus eigener Kraft niemals aufrechterhalten könnten.

Eine schlimme Sünde der Eltern ist es, die finanzielle Unterstützung als Druckmittel für Wohlverhalten und Folgsamkeit einzusetzen: „Wir spendieren euch ein neues Schlafzimmer, wenn ihr das Haus nebenan bezieht." Geschenke sind immer dann recht, wenn sie ohne Berechnung aus reiner Zuneigung gegeben werden. Doch Geschenke mit Vorbedingungen sind im Grunde keine Geschenke, sondern Mittel zum Zweck.

Eltern sollten natürlich immer bereit sein, dem jungen Paar mit Rat und Tat zur Seite zu stehen (wobei man allerdings warten sollte, bis um Rat und Hilfe gebeten wird). Wichtig ist nur, daß kein Druck ausgeübt wird. Machen Sie Vorschläge, wenn Sie darum gebeten werden oder wenn Sie glauben, es sei unumgänglich. Dann aber sollten Sie sich wieder schleunigst zurückziehen und es dem jungen Paar überlassen, selbständig eigene Entscheidungen zu treffen. Und das ist wichtig: Seien Sie nicht beleidigt, wenn Ihr Vorschlag einmal nicht berücksichtigt wurde. Bieten Sie den Kindern Ihre Weisheit als Chance an, aber lassen Sie ihnen auch die Freiheit, aus Fehlern zu lernen.

Ein frisch vermähltes Paar braucht das Gefühl der Geborgenheit durch intakte Beziehungen zu beiden Elternpaaren. Aber auch die Eltern brauchen die innige Beziehung zu ihren Kindern und Schwiegerkindern. Das Leben ist zu kurz, als daß man es in zerrütteten Beziehungen verbringen sollte. Auch zwischen Schwiegereltern und Kindern gilt das Prinzip des Schuldbekenntnisses und der gegenseitigen Vergebung, das wir schon in Kapitel 4 besprochen haben. Wir müssen nicht immer einer Meinung sein, um ein intaktes Verhältnis zu haben, doch Bitterkeit und Groll schaden immer (Epheser 4,31). Das Zulassen von Freiheit und das Gewähren von gegenseitigem Respekt sollte als Grundprinzip für die Beziehung zwischen Eltern und ihren verheirateten Kindern gelten.

Übungen und Fragen, die weiterhelfen

Für Ehepaare:

1. Haben Sie Probleme mit Ihren Eltern oder Schwiegereltern? Wenn ja, schreiben Sie sie auf. Seien Sie so konkret wie möglich.

2. Welches der in diesem Kapitel angesprochenen Prinzipien haben Ihre Eltern oder Schwiegereltern mißachtet? Schreiben Sie auf, was Ihnen einfällt. Seien Sie konkret. (Lesen Sie die entsprechenden Abschnitte gegebenenfalls noch einmal durch.)

3. Welches der in diesem Kapitel angesprochenen Prinzipien haben Sie oder Ihr Ehepartner mißachtet? Schreiben Sie auf, was Ihnen einfällt. Seien Sie konkret.

4. Was könnte man Ihrer Meinung nach tun, um eine Lösung herbeizuführen?

5. Bevor Sie Ihre Erkenntnisse mit dem Partner besprechen, geben Sie ihm dieses Kapitel zu lesen, und lassen Sie ihn die Fragen 1-4 beantworten.

6. Verabreden Sie, wann Sie sich zusammensetzen wollen, um über die Schwierigkeiten zu sprechen. Lesen Sie dem Partner vor, was Sie aufgeschrieben haben. Vergleichen Sie,
   a) ob Sie übereinstimmende Aussagen machen,
   b) ob Sie Ihre eigene Schuld richtig eingeschätzt haben,
   c) ob Sie auf die gleichen Rezepte zur Beilegung gekommen sind.
   Wenn Sie sich noch nicht einigen konnten, dann sollten Sie im Gespräch bleiben, bis Sie übereinkommen, konkrete Maßnahmen zu ergreifen.

7. Nachdem Sie sich geeinigt haben, wie Sie aktiv werden können, sollten Sie auch gleich Ihre Pläne in die Tat umsetzen. Beten Sie füreinander und für beide Elternpaare. (Wenn Sie eine Aussprache eingeplant haben, sollte jeweils der Sohn oder die Tochter mit den eigenen Eltern reden.)

8. Achten Sie darauf, daß auch Ihr Verhalten den Eltern und Schwiegereltern gegenüber einwandfrei ist. Wird bei der verabredeten Aussprache mit den Eltern deutlich, daß Sie sie immer noch „ehren"? (Wer respektiert wird, respektiert auch andere leichter.)

9. Reden Sie eine klare Sprache, aber bleiben Sie höflich und freundlich. Denken Sie immer daran, daß Sie die Beziehung vertiefen und nicht zerstören wollen.

Für Verlobte und solche, die es werden wollen:

1. Wenn Sie verlobt sind, sollten Sie einmal die Schwächen und Stärken Ihrer zukünftigen Schwiegereltern aufschreiben, die Ihnen bisher aufgefallen sind.

2. Machen Sie eine entsprechende Liste über Ihre eigenen Eltern.

3. Bitten Sie Ihren Verlobten/Ihre Verlobte, dasselbe zu tun.

4. Setzen Sie sich in einer Mußestunde zusammen, und reden Sie über das, was Sie an Erkenntnissen gewonnen haben. Auf diese Weise

wächst Ihr Verständnis für Ihre Eltern und zukünftigen Schwiegereltern.

5. Wenn Sie tatsächlich heiraten sollten, welche möglichen Probleme könnte es dann mit Ihren Schwiegereltern geben? Antworten Sie ehrlich und konkret.

6. Handelt es sich bei den möglichen Problemen um ein Konfliktpotential, das noch vor der Hochzeit durch eine Aussprache mit den Schwiegereltern ausgeräumt werden kann, so daß Ihre Beziehung später nicht mehr darunter leidet? Was genau würden Sie Ihren Schwiegereltern sagen wollen? Sprechen Sie mit Ihrem zukünftigen Ehepartner darüber, und überlegen Sie sich, wie Sie konkret vorgehen wollen. (Vorbeugen ist immer besser als heilen!)

7. Behandeln Sie nun, da Sie bald heiraten wollen, Ihre Eltern immer noch mit Respekt und Achtung? Schreiben Sie all die Dinge auf, die Sie tun, um Ihren Eltern das Gefühl zu geben, von Ihnen geliebt und geschätzt zu werden.

8. Sollte Ihre Liste allzu kurz ausfallen, müssen Sie vielleicht noch Ihre „Hausaufgaben“ vor der Hochzeit machen. Was können Sie noch zusätzlich tun, um Ihre Beziehung zu den Eltern zu verbessern? Was wollen Sie konkret tun?

9. Finden Sie, daß die Beziehung zwischen Ihrem zukünftigen Partner und seinen Eltern gut ist? Was ist verbesserungsbedürftig? Sprechen Sie ruhig offen an, was Ihnen mißfällt. (Das Maß an Offenheit, das Sie vor der Hochzeit erreichen, wird in etwa auch später in der Ehe die Kommunikationsebene bleiben.)

10. Tun Sie alles, was in Ihrer Macht steht, um die Beziehungen zu beiden Elternpaaren noch vor der Hochzeit so vertrauensvoll und innig wie möglich zu gestalten. Das ist eine ganz entscheidende Voraussetzung für eine glückliche Ehe!

11. Meine Frau glaubt, wir hätten einen Goldesel

Wie konnte es nur passieren, daß das Geld bei Eheproblemen eine immer größere Rolle spielt? Die ärmsten Familien bei uns sind doch immer noch reich im Vergleich zu den Ärmsten der Armen in der Dritten Welt. Ich bin davon überzeugt, daß nicht die Höhe des Einkommens an sich das Problem ist, sondern die Einstellung zum Geld. Genauso äußert sich auch Paulus in 1. Timotheus 6,10: „Denn eine Wurzel alles Bösen ist die Geldliebe, nach der einige getrachtet haben und von dem Glauben abgeirrt sind und sich selbst mit vielen Schmerzen durchbohrt haben." Die Schmerzen verursacht nicht das Geld oder der Mangel daran, sondern allein die „Geldliebe". Im griechischen Begriff dafür steckt das Wort ‚philía', und das bedeutet „Zuneigung" oder „Sehnsucht nach etwas".

Der große Irrtum ist, daß Geldbesitz an sich schon etwas Erfüllendes ist. Doch wer dies glaubt, dem bleiben die Sorgen nicht erspart, „denn auch wenn jemand Überfluß hat, besteht sein Leben nicht durch seine Habe" (Lukas 12,15). Die Aktenordner der Seelsorger unserer Generation sind voll von Fallstudien, die diese Aussage untermauern.

Jeanette Clift George hat einmal gesagt: „Das Schlimmste im Leben ist nicht, etwas verwehrt zu bekommen, wonach man sich gesehnt hat. Schlimmer noch ist, es zu bekommen und festzustellen, es war die Mühe nicht wert."[1]

Die meisten Menschen glauben, sie würden endlich mit dem Geld auskommen, wenn es monatlich ein paar Scheine mehr wären. Davon überzeugt sind sowohl die Großverdiener als auch diejenigen mit dem kleinen Geldbeutel. Aber es ist eine falsche Denkweise. Das Problem liegt in der Einstellung zum Geld, nicht in der Menge, die uns zur Verfügung steht.

Geld (in welcher Menge auch immer) macht nicht glücklich, aber „Gerechtigkeit, Gottseligkeit, Glauben, Liebe, Ausharren, Sanftmut" – all die Dinge, die ein Leben mit Gott bestimmen – erfüllen und befriedigen uns (1. Timotheus 6,11-12).

Vor ein paar Monaten besuchte ich nacheinander zwei Familien, die unterschiedlicher nicht sein konnten. Die ersten lebten in einem Häuschen mit drei Räumen. Mitten im Wohnzimmer stand ein kleiner Ölofen. Der Säugling in seinem Stubenwagen schlief in einer Ecke, und der Hund lag in der anderen. An den Wänden hing ein einziges Bild und ein Kalender. Zwei schlichte Holzstühle und ein altes Sofa standen auf dem nackten Holzfußboden. Die Zimmertüren waren aus einfachen Latten und Brettern gezimmert und hatten breite Spalten zwischen den einzelnen Brettern.

Gemessen am allgemeinen Lebensstandard bei uns in Amerika war dies ein sehr schlichtes Zuhause. Um so erstaunter war ich, hier soviel Wärme und Freundlichkeit vorzufinden. Es war offensichtlich, daß sich das junge Pärchen liebte. Sie liebten ihr Kind und auch Gott, und sie waren glücklich. Das Leben war für sie ein Abenteuer.

Nach diesem Besuch mußte ich quer durch die Stadt fahren. Zu dem herrlichen Landhaus führte eine breite gepflasterte Auffahrt. Drinnen war alles mit wertvollen Teppichen ausgelegt, und an den Wänden im Wohnzimmer hing ein Gemälde am anderen. Das Feuer im Kamin verbreitete eine behagliche Wärme, und der Hund lag auf einer Couch im Designer-Stil.

Doch schon nach kurzer Zeit bemerkte ich, daß die einzige Wärme in diesem Haus vom Kamin ausging. Sonst herrschte Kühle und in Wohlstand eingehüllte Feindseligkeit.

Als ich an jenem Abend nach Hause fuhr, dachte ich nur: „O Herr, wenn ich mich jemals entscheiden muß, gib mir die kleine Hütte mit den drei Zimmern und den liebenden Menschen darin." Nicht Dinge machen das Leben aus, sondern Beziehungen – zuerst zu Gott und dann zu anderen Menschen.

„Aber ich muß doch den Kindern etwas zu essen geben, ich muß sie kleiden und vor Wind und Wetter schützen", mag jemand einwenden. „Dafür brauche ich Geld!" Das stimmt. Und Gott verspricht auch, diejenigen zu versorgen, die ihn an die erste Stelle setzen: „Trachtet aber zuerst nach dem Reich Gottes und nach seiner Gerechtigkeit, und dies alles wird euch hinzugefügt werden" (Matthäus 6,33). „Dies alles" meint Nahrung, Kleidung und Unterkunft (Matthäus 6,26).

Muß man bei dieser Verheißung überhaupt noch für seinen Unterhalt sorgen? Natürlich! „Wenn aber jemand für die Seinen und besonders für die Hausgenossen nicht sorgt, so hat er den Glauben verleugnet und ist schlechter als ein Ungläubiger" (1. Timotheus 5,8). Und weiter lesen wir bei Paulus: „Denn auch als wir bei euch waren, geboten wir euch dies:

Wenn jemand nicht arbeiten will, soll er auch nicht essen" (2. Thessalonicher 3,10).

Arbeit ist Teil unseres Lebens. Und durch sie versorgt uns Gott im Normalfall. Aber sie ist eben doch nur ein Teil unseres Lebens. Deshalb dürfen wir es nicht zulassen, daß sie uns all der Dinge beraubt, die unter Umständen noch wertvoller sind. Sonst gehen wir nämlich am eigentlichen Leben vorbei, und irgendwann stellen wir fest, daß uns auch das damit verdiente Geld nichts nützt.

Jesus warnte uns vor dieser Gefahr, als er lehrte: „Niemand kann zwei Herren dienen; denn entweder wird er den einen hassen und den anderen lieben, oder er wird einem anhängen und den anderen verachten. Ihr könnt nicht Gott dienen und dem Mammon" (Matthäus 6,24). Der Mammon ist ein guter Knecht, aber ein schlechter Herr. Geld ist nützlich, hat aber keinen eigenen Wert. Erheben wir es zum Gott, so bedeutet das unseren Ruin.

Die Bibel sieht uns als Treuhänder und Verwalter. Wir sind für den klugen Gebrauch all der Güter verantwortlich, die Gott uns anvertraut (Matthäus 25,14-30). Dabei spielt die Menge unserer Mittel kaum eine Rolle. Entscheidend ist, wie verantwortungsbewußt wir damit umgehen. Der Herr sprach zum treuen Diener: „Recht so, du guter und treuer Knecht! Über weniges warst du treu, über vieles werde ich dich setzen" (Matthäus 25,21). „Jedem aber, dem viel gegeben ist – viel wird von ihm verlangt werden" (Lukas 12,48).

Finanzielle Mittel können viel Gutes bewirken. Als Verwalter und Treuhänder sind wir verpflichtet, alles, was uns anvertraut worden ist, so klug wie möglich einzusetzen. Sinnvolles Planen, Kaufen, Sparen, Investieren und Spenden – das sind die Aufgaben, die uns als Verwalter gestellt sind.

Die Sorge um das liebe Geld wird von der Schrift verurteilt. „Seid um nichts besorgt" (Philipper 4,6). In Matthäus 6 spricht sich Jesus wiederholt gegen die Sünde der falschen Sorge aus:

> Deshalb sage ich euch: Seid nicht besorgt für euer Leben, was ihr essen und was ihr trinken sollt, noch für euren Leib, was ihr anziehen sollt. Ist nicht das Leben mehr als die Speise und der Leib mehr als die Kleidung? ... Wer aber unter euch kann mit Sorgen seiner Lebenslänge eine Elle zusetzen? Und warum seid ihr um Kleidung besorgt? Betrachtet die Lilien des Feldes, wie sie wachsen: sie mühen sich nicht, auch spinnen sie nicht. Ich sage euch aber, daß selbst nicht Salomo in all seiner Herrlichkeit

> bekleidet war wie eine von diesen ... So seid nun nicht besorgt, indem ihr sagt: Was sollen wir essen? Oder: Was sollen wir trinken? Oder: Was sollen wir anziehen? ... So seid nun nicht besorgt um den morgigen Tag, denn der morgige Tag wird für sich selbst sorgen. Jeder Tag hat an seinem Übel genug (25, 27-29, 31, 34).

Wer sich unnötig um die Finanzen sorgt, der sollte dies wie jede andere Sünde bekennen. Es ist richtig, dafür zu beten und zu arbeiten, daß es uns finanziell nicht schlecht geht, aber es ist immer falsch, sich deshalb Sorgen zu machen. Sorge lähmt uns und macht uns zum Opfer unserer Umstände. Das ist niemals Gottes Absicht. Man sieht also, daß ein armer Mann genauso leicht Sklave des Geldes werden kann wie ein reicher. Wenn uns Mangel oder Überfluß depressiv, unglücklich oder mürrisch machen, dann sind wir Sklaven des Geldes. Gottes Wunsch ist es, daß wir ihn als unseren einzigen Herrn anerkennen. Und unter seiner Herrschaft werden wir auch selber Herr über unsere Finanzen sein können.

Zur treuen Verwaltung unserer Mittel gehört auch, daß wir etwas davon über die Gemeinde oder über christliche Glaubenswerke an Gott zurückgeben. Das Alte Testament hat uns gelehrt, wie wir das tun sollen, und das Neue Testament hat es bestätigt: Wir sollen den zehnten Teil unseres Einkommens für die Arbeit am Reich Gottes abgeben (3. Mose 27,30; Matthäus 23,23).

Die Schrift macht aber deutlich, daß wir nur geben sollen, wenn es aus einem fröhlichen Herzen kommt. Die Liebe zu Gott allein treibt den Christen zum Geben. Er fühlt sich dabei nicht durch irgendein Gesetz gezwungen oder durch die Erwartung einer Rückerstattung angespornt. Auch Paulus befaßt sich mit diesem Thema und schreibt:

> Dies aber sage ich: Wer sparsam sät, wird auch sparsam ernten, und wer segensreich sät, wird auch segensreich ernten. Jeder gebe, wie er sich in seinem Herzen vorgenommen hat: nicht mit Verdruß oder aus Zwang, denn einen fröhlichen Geber liebt Gott. Gott aber vermag auf euch überströmen zu lassen jede Gnade, damit ihr in allem allezeit alles Genüge habt und überströmt zu jedem guten Werk (2. Korinther 9,6-8).

Viele möchten etwas von Gottes Gnade und Überfluß abhaben, nehmen aber nicht zur Kenntnis, daß diese Verheißung dem fröhlichen Geber gilt. Die Schrift spricht davon, daß wir für unseren Lohn arbeiten, um davon dem Bedürftigen abzugeben. „Wer gestohlen hat, stehle nicht mehr, sondern mühe sich vielmehr und wirke mit seinen Händen das Gute, damit er dem Bedürftigen etwas mitzugeben habe“ (Epheser 4,28).

Bevor wir uns überlegen, was das alles in der Praxis bedeutet, wollen wir noch einmal die biblischen Prinzipien zusammenfassen:

1. Der Christ darf es niemals zulassen, daß das Geld ihn beherrscht (Matthäus 6,24).

2. Ein erfülltes Leben bekommen wir nicht durch die Anhäufung von materiellen Gütern (Lukas 12,15).

3. Die Liebe zum Geld um seiner selbst willen ist die Wurzel vieler Übel (1. Timotheus 6,10).

4. Wir können Gott zutrauen, daß er uns versorgt, wenn wir ihn an die erste Stelle in unserem Leben stellen (Matthäus 6,33).

5. Der Christ ist aufgefordert, für sein Einkommen zu arbeiten (1. Timotheus 5,8; 2. Thessalonicher 3,10).

6. Zu unserer Aufgabe als Verwalter gehört es auf jeden Fall auch, für die Arbeit am Reich des Herrn einen Teil abzugeben (2. Korinther 9,6-8; Epheser 4,28).

7. Als christliche Verwalter sind wir dafür verantwortlich, das Beste aus den uns anvertrauten Gütern zu machen (Matthäus 25,14-30).

In der Praxis

Nun, da wir die biblischen Prinzipien kennen, möchte ich so praxisbezogen wie möglich auf ein paar Dinge eingehen, die Ihnen helfen sollen. Wenn Sie beherzigen, was ich Ihnen nahelegen möchte, wird Ihnen so mancher Kummer mit den Finanzen erspart bleiben. Und gerade die Geldsorgen sind es, die so manche Ehe schwer belasten.

Eins müssen wir zuallererst beachten, wenn wir nach biblischen Prinzipien mit Geld umgehen wollen: In der Ehe gibt es nicht mehr „mein“ Geld und „dein“ Geld, sondern nur noch „unser“ Geld. Aber genauso gibt es nun nicht mehr „meine“ und „deine“ Schulden, sondern nur noch

„unsere“ Schulden. Wenn Sie einen Jungakademiker heiraten, der noch 5 000 DM Darlehensanteil seiner Studienförderung zurückzahlen muß, und Sie selber noch 50 DM im Kleidergeschäft vorbeibringen müssen, dann haben Sie eben gemeinsam 5 050 DM Schulden. Wollen Sie den Partner haben, müssen Sie auch seine Schulden mit übernehmen.

Deshalb sollten beide Partner noch vor der Hochzeit die Vermögenslage des anderen kennen. Es ist nicht ehrenrührig, mit Schulden in die Ehe zu gehen, doch sollten beide Partner darüber Bescheid wissen und sich auf einen Tilgungsplan einigen. Da es von nun an „unsere“ Schulden sind, müssen auch „wir“ uns einigen, wie wir damit in Zukunft umgehen.

Ich kenne Paare, die über diese Dinge vor der Ehe nicht gesprochen haben. Das Erwachen nach der Hochzeit war schrecklich, als sich herausstellte, daß die Schulden von beiden Seiten addiert so erdrückend waren, daß sie sich finanziell kaum noch bewegen konnten. Es ist schlimm, eine Ehe mit solch einer Bürde zu beginnen. Meiner Meinung nach ist ein gemeinsamer Schuldenberg, dessen Abtragung unrealistisch erscheint, ein Grund, die Hochzeit zu verschieben. Ein leichtfertiger Umgang mit dem Geld vor der Ehe ist ein Warnzeichen. Es wird sich nach der Hochzeit wahrscheinlich nicht viel ändern. Die meisten Paare heiraten und bringen ein paar Schulden mit. Wenn aber beide darüber Bescheid wissen, können sie mit realistischen Vorstellungen in die Ehe gehen.

Auch das Guthaben ist fortan gemeinsames Vermögen. Sie hat vielleicht 6 000 DM auf der hohen Kante, er nur 80. Doch wenn sie heiraten, haben sie beide ein Guthaben von 6 080 DM. Wenn Ihnen diese Vorstellung unsympathisch ist, dann sind Sie auch noch nicht reif für die Ehe. Haben wir nicht gemeinsam herausgearbeitet, daß das Hauptmotiv zur Ehe das Einswerden ist? Das aber bedeutet, daß auch im finanziellen Bereich Einheit geschaffen werden muß.

Es mag Fälle geben, in denen große Vermögenswerte auf der einen Seite aus steuerlichen Gründen für eine Gütertrennung sprechen. Doch im Normalfall wird man sich auf die Zugewinngemeinschaft einigen und alles teilen – Guthaben, Grundbesitz und andere Werte. Wir sind eins geworden, und das soll sich auch auf unsere Finanzen auswirken.

Da es nun „unser“ Geld ist, sollten wir auch gemeinsam entscheiden, wofür wir es ausgeben. Das Grundmuster für Entscheidungen haben wir in Kapitel 8 besprochen, und es gilt ohne Abstriche auch für die Finanzen. Bevor Ausgaben getätigt werden, muß ausführlich darüber gesprochen werden, und die Einigung sollte unser Ziel sein. Denken Sie immer daran, daß Sie Partner und keine Konkurrenten sind. Wer sich in Geldangelegenheiten einigen kann, der hat gute Chancen, eine glückliche Ehe zu führen.

Die Übereinkunft, daß man keine größeren Ausgaben ohne das Einverständnis des Partners tätigt, verhindert viel Herzeleid. Was „größere Ausgaben" sind, sollte allerdings genau festgelegt werden. Ab einem bestimmten Betrag muß gefragt werden. So manches Boot und so manche Lampe befände sich noch beim Händler, wenn alle Paare sich an solch eine Regel hielten. Aber so manches Paar wäre eben auch glücklicher. Beziehungen machen glücklich, nicht aber materielle Güter. Die Einheit in der Ehe ist immer wichtiger als irgendein Schnäppchen.

Darüber hinaus muß sich das Paar aber auch ganz allgemein über ein gemeinsames Konsumverhalten einigen. Das Wort Haushaltsplan hört sich für viele Paare nach Reglementierung und Unfreiheit an. Dabei ist es doch nur ein Hilfsmittel, um die Ausgaben eines Haushalts überschaubarer zu machen. Bei den meisten Paaren gibt es bereits bestimmte Regeln, wie und wann das Geld ausgegeben wird.

Die Frage ist also nicht so sehr, ob wir überhaupt einen Haushaltsplan haben sollten, sondern wie wir vorhandene Regelungen zu einem echten Finanzplan optimieren.

Das Ganze muß nicht zu einer akribischen Buchhaltung mit Pfennigbeträgen ausarten. Es geht vielmehr darum, einen Überblick zu gewinnen und Ausgaben ganz nüchtern und mit Verstand zu planen. Dann treffen Sie nämlich wirklich freie Entscheidungen. Es ist immer besser, zu einer vernünftigen Einigung mit dem Partner zu gelangen, als sich in Gegenwart des Verkäufers von Gefühlen leiten zu lassen.

Es würde den Rahmen dieses Buches sprengen, Ihnen hierzu im Detail Ratschläge zu erteilen. Deshalb geht es mir im Augenblick nur darum, daß Sie Ihr derzeitiges Konsumverhalten überdenken. Könnte es nicht sein, daß Sie bei ein bißchen Planung Ihre Mittel noch besser einsetzen würden? Als Verwalter ist es Ihre Aufgabe, dies herauszufinden. Warum sollten Sie immer so weitermachen wie bisher, wenn ein bißchen Nachdenken Ihre Lage verbessern kann? Gerade wir Christen sollten besonders klug mit unseren Finanzen umgehen. Wir stehen im Dienst des Herrn, und alles, was wir besitzen, ist anvertrautes Gut, für das wir vor Gott Rechenschaft ablegen müssen (Matthäus 25,14-30). Wer also seine Finanzen gut verwaltet, der dient damit auch gleichzeitig dem Reich Gottes (Matthäus 6,33).

Wenn wir schon dabei sind, unser Finanzgebaren zu überdenken, wollen wir uns gleich noch ein paar weitere biblische Prinzipien vergegenwärtigen. Was erstrangig ist, sollte auch erstrangig behandelt werden.

Und für den Christen hat das Reich Gottes oberste Priorität. Die Verheißung aus Matthäus 6,33 hat ganz praktische Auswirkungen: „Trachtet aber zuerst nach dem Reich Gottes ... und dies alles wird euch hinzugefügt werden."

Doch wir setzen unsere Prioritäten im täglichen Leben oft völlig falsch. Zuerst kommen das Haushaltsgeld und die Ausgaben für unsere Hobbys, und wenn dann noch etwas übrigbleibt, geben wir es der Gemeinde. Doch nach dem biblischen Vorbild ist die Reihenfolge genau umgekehrt. Die Israeliten haben dem Herrn die Erstlinge gebracht und nicht den Rest der Ernte. So schreibt Salomo: „Ehre den HERRN mit deinem Besitz, mit den Erstlingen all deines Ertrages! Dann füllen deine Speicher sich mit Vorrat, und von Most fließen über deine Keltern." Haben Sie sich schon manchmal gefragt, warum die Speicher bei Ihnen leer waren? Könnte es sein, daß Sie zuerst die Speicher füllen wollten und erst dann ans Himmelreich gedacht haben?

Schon vor der Hochzeit sollten Sie auf diese Weise dem Herrn die Ehre geben. Machen Sie es sich als Single zur Gewohnheit, den Zehnten und Opfer zu geben. Zwei Menschen, die heiraten wollen, sollten sich schon vor der Hochzeit darüber unterhalten, welche Einstellung sie zu diesem Thema haben. Und es sollte Einigkeit darüber bestehen, wie man sich auch später gemeinsam verhalten will. Wenn Sie über diese praktische Seite Ihrer Beziehung zum Herrn keine Einigkeit erzielen können, wie können Sie dann glauben, es werde Ihnen in anderen geistlichen Fragen gelingen?

Mein Rat ist deshalb, gleich von Anfang an Ihren gemeinsamen Haushaltsplan so einzurichten, daß die ersten 10 % Ihres Einkommens als Dankopfer dem Herrn gegeben werden. Das Finanzamt nimmt sich seinen Teil Ihres Lohnes, noch bevor Sie die Gehaltsabrechnung in den Händen halten. Jesus hatte gegen solch eine Besteuerung nichts einzuwenden, aber er bestand doch darauf, daß wir Gott geben, „was Gottes ist" (Matthäus 22,17-22). Vielleicht werden Sie bei besonderen Anlässen mehr als den Zehnten geben wollen. Das können Sie gern tun, aber der Zehnte sollte für jedes Paar, das biblische Prinzipien ernst nimmt, der minimale Standard sein.

Auch Vorsorge gehört zum richtigen Umgang mit Geld nach biblischen Prinzipien. So lesen wir in Sprüche 22,3: „Der Kluge sieht das Unglück und verbirgt sich; die Einfältigen aber gehen weiter und müssen es büßen."

Überall in der Schrift wird darauf hingewiesen, daß der Kluge vorausschauend handelt (Lukas 14,28-30). Bei den Finanzen gehört dazu das

Sparen und Investieren. Es wird immer wieder unvorhergesehene Ereignisse geben, die Ihre Finanzen belasten. Deshalb baut der kluge Verwalter vor und spart etwas.

Sie sollten sich über den monatlichen Betrag einigen. Legen Sie diesen dann „auf die hohe Kante". George Bowman schlägt in seinem Buch vor, daß ungefähr 10 % des Einkommens gespart oder angelegt werden sollten.[2] Sie können natürlich mehr zurücklegen oder auch weniger. Es ist letztlich Ihre Entscheidung. Wenn Sie nur das aufs Sparbuch bringen wollen, was am Monatsende übrig ist, dann werden Sie kaum etwas zusammenbekommen. Bowman schlägt deshalb vor: „Seien Sie sich selbst Ihr bevorrechtigter Gläubiger."[3] Nachdem Sie den Zehnten abgezogen haben, zahlen Sie an sich selbst einen festen Betrag, bevor alles andere beglichen wird.

Das Paar, das Rücklagen bildet, hat nicht nur das beruhigende Gefühl, im Notfall darauf zurückgreifen zu können, es lebt auch in der Gewißheit, gute Verwalter der ihm anvertrauten Gelder zu sein. Im Gegensatz zu dem, was einige Christen glauben, ist es keineswegs geistlicher, alles auszugeben, was man bekommt, weil man dadurch angeblich den größeren Glauben beweist, Gott werde im Notfall schon eingreifen. In meinen Augen ist das nur ein Zeichen für das Unvermögen, klug mit Geld umzugehen.

Wenn Sie 10 % in die Glaubenswerke des Herrn geben und 10 % zurücklegen, dann bleiben Ihnen immer noch 80 % für alle anderen Ausgaben, die im Monat fällig sind. Wie Sie diesen Rest aufteilen, obliegt Ihnen. Aber denken Sie immer daran, daß Sie auch hier nur Verwalter sind. Rechenschaft ablegen müssen Sie für 100 % Ihres Einkommens. Ein Verwalter kann sich den Luxus nicht leisten, gedankenlos das Geld aus dem Fenster hinauszuwerfen.

Es kommt also darauf an, seine Einkäufe so klug wie möglich zu tätigen. Man kann es zwar übertreiben, wie die Frau, die für fünf Dollar Sprit verfährt, um für zwei Dollar billiger zu tanken. Doch wenn man ein bißchen die Augen offenhält, kann man schon einiges sparen. Das kostet natürlich Zeit und Energie. Man muß sich umschauen und informieren. Aber am Ende bleibt eben doch mehr Geld übrig, womit man sich so manchen zusätzlichen Wunsch erfüllen kann. Meine Frau und ich haben es uns zur Gewohnheit gemacht, nach einem Einkaufsbummel nicht zu fragen, wieviel wir ausgegeben haben, sondern wieviel wir diesmal wieder gespart haben. Dann ist jedesmal die Freude groß. Es lohnt sich immer, die Kunst des guten Einkaufs zu erlernen.

In Ihrem gemeinsamen Finanzplan sollten Sie allerdings auch nicht vergessen, ein kleines Taschengeld einzuplanen, das jeder zur freien Verfügung hat. Es muß kein großer Betrag sein, aber der Mann muß sich schon hin und wieder einen Schokoriegel kaufen können, ohne seine Frau um einen Zuschuß bitten zu müssen.

So erzählte mir eine Frau: „Dr. Chapman, ich schäme mich so, daß ich Ihnen das erzählen muß, aber es verdeutlicht unser Problem. Wir waren neulich am Flughafen, und ich mußte ihn um Kleingeld bitten, weil ich die Toilette benutzen wollte. Es ist schrecklich! Ich komme mir dann vor wie ein kleines Kind!"

Ein Finanzplan, der einem der Partner auch nicht über den kleinsten Betrag ein Verfügungsrecht zubilligt, hat sein Ziel verfehlt.

Ein weiteres Gebiet, über das sich jedes Paar einigen muß, ist das Schuldenmachen. Hier möchte ich wirklich einmal den warnenden Zeigefinger erheben! Von überall her tönt es in der Werbung: „Heute bestellen – und später bezahlen!" Verschwiegen wird dabei allerdings meist, daß, wer später zahlt, mehr ausgeben muß. Es können stattliche Zinsen und Verwaltungsgebühren zusammenkommen. Aber kaum jemand liest ja das Kleingedruckte. Kredit ist ein Entgegenkommen, für das Sie teuer bezahlen müssen.

Falls es wirklich einmal unumgänglich ist, etwas auf Kredit zu kaufen, sollten Sie sich bei verschiedenen Kreditgebern genau informieren und den günstigsten Vertrag abschließen. Am billigsten ist im allgemeinen immer noch der Kleinkredit von der Hausbank. Sie haben es dort mit kompetenten Fachleuten im Kreditgeschäft zu tun. Und man wird Ihnen dort sehr gern den Kredit geben, sofern Sie tatsächlich in der Lage sind, ihn zu tilgen. Wenn Ihnen die Bank das Geld allerdings nicht geben will, dann müssen Sie wohl davon ausgehen, daß der Kauf Sie finanziell überfordern würde.

Die Kreditkarten sind für viele zur Mitgliedskarte vom „Verein der Mittellosen" geworden. Sie verleiten zum spontanen Kaufentschluß, und die meisten von uns sind entschlußfreudiger, als wir es uns leisten können. Deshalb: werfen Sie Ihre Kreditkarte am besten gleich ins Feuer. Wenn dann die Flammen züngeln, nehmen Sie sich vor: Was wir uns nicht leisten können, können wir uns auch nicht kaufen. Sicher, wenn man seine Kartenrechnungen pünktlich bezahlt, sind die Nebenkosten minimal. Doch die meisten Paare geben mehr aus, als sie es sich leisten können, wenn sie erst einmal solch eine Karte besitzen. Die Tatsache, daß die Karte so fleißig unter die Leute gebracht wird, spricht für sich. Warum machen wir überhaupt Schulden? Wir wollen jetzt haben, was wir im Augenblick nicht bezahlen können. Beim Hauskauf mag das eine kluge Entscheidung sein. Wir würden auch sonst die Miete bezahlen. Wenn wir uns das richtige Objekt aussuchen, werden wir mit Wertsteigerung rechnen können. Und sofern wir die monatliche Tilgung aufbringen können, ist dies ein guter Kauf. Doch bei den meisten Dingen, die wir erwerben, gibt es keine Wertsteigerung. Im Gegenteil: Mit dem Tag des Erwerbs beginnt der Wert abzunehmen. Und dann kaufen wir auch noch, bevor wir es uns leisten können. Wir zahlen den Kaufpreis und die Zinsen ab, während der Artikel ständig an Wert verliert. Warum machen wir so etwas? Wir tun es für den schönen Augenblick, den uns das neue Stück beschert. Doch ich frage Sie: Handelt so ein verantwortungsvoller Verwalter?

Ich weiß natürlich, daß es heutzutage in unserer Gesellschaft immer wieder Dinge gibt, die „unverzichtbar" zu sein scheinen. Aber wie kommt ein junges Paar darauf, es müsse bereits im ersten Ehejahr all das erwerben, wofür die Eltern noch dreißig Jahre benötigt haben? Warum muß es immer sofort das Größte und Schönste sein? Mit dieser Einstellung beraubt man sich einer wichtigen Erfahrung – der Vorfreude nämlich. Man nimmt sich, was man braucht. Die Freude am Neuen hält nicht lange, und dann trägt man monatelang die Last der Abzahlungen. Warum wollen Sie sich unnötigerweise ein solches Joch auf die Schultern legen?

Es gibt verhältnismäßig wenig Dinge im Leben, die „unverzichtbar" sind. Dafür reicht Ihr gegenwärtiges Einkommen wahrscheinlich allemal. Ich spreche mich nicht grundsätzlich dagegen aus, nach „Besserem" zu streben. Doch die Zufriedenheit mit der Gegenwart ist immer wichtiger. Wenn Sie sich in Zukunft etwas leisten können – wunderbar! Aber seien Sie heute erst einmal zufrieden mit dem, was Sie haben.

Meine Frau und ich spielen schon viele Jahre ein nettes Spiel. Es heißt: „Mal sehen, wie wir ohne Dinge auskommen, die andere für unverzichtbar halten." Angefangen haben wir damit, als wir beide noch studierten. Es blieb uns damals nichts anderes übrig. Aber irgendwie haben wir Spaß daran gefunden, und so machen wir es heute noch genauso.

Das Spiel geht so: Wir machen einen Bummel durch die Kaufhäuser, schlendern durch die Abteilungen und schauen uns Dinge an, die uns gefallen. Wir sehen nach dem Preis, unterhalten uns über den Gegenstand und kommen am Ende zu dem Schluß: „Ist doch toll, daß wir das nicht haben müssen, um glücklich zu sein!" Und wenn andere dann bepackt das Warenhaus mit leerem Geldbeutel verlassen, dann schlendern wir Hand in Hand hinaus mit dem guten Gefühl, all das nicht zu brauchen, um glücklich zu sein. Ich lege es allen jungen Paaren ans Herz, dieses Spiel auch einmal selber auszuprobieren.

Ich möchte hier noch einmal klarstellen, daß ich nicht grundsätzlich dagegen bin, auch einmal etwas auf Kredit zu kaufen. Doch meine ich, man sollte vorher beten, diskutieren und, wenn nötig, den Rat eines erfahrenen Finanzexperten einholen. Wenn diese Reihenfolge immer eingehalten werden würde, wäre so manches Paar nicht ein Gefangener seiner Finanzen, sondern könnte frei und ungebunden das Leben genießen. Ich glaube nicht, daß es dem Willen Gottes entspricht, wenn seine Kinder wie Gefangene leben müssen. Doch haben heutzutage viel zu viele ihre Freiheit verloren, nur weil sie unbedacht zu Schuldnern geworden sind.

Seien wir kreativ! Gott hat uns als phantasiebegabte Wesen erschaffen. Gehen Sie doch einmal in ein Museum für Handwerk und Technik. Die Exponate geben ein beredtes Zeugnis dafür ab, wie schöpferisch der Mensch sein kann. Wenn Ehepaare ihre Kreativität dafür einsetzen, Ressourcen zu sparen, wird dadurch das Budget erheblich entlastet. Was kann man nicht alles sparen, wenn man selber näht, alte Möbel restauriert oder wieder gebrauchsfähig macht, was andere wegwerfen. Vielleicht kann man ja sogar Dinge herstellen, die sich gut verkaufen lassen, so daß ein kleines Zubrot dabei herausspringt.

Vor einiger Zeit fuhr ich mit Studenten nach Chiapas, dem südlichsten Bundesstaat Mexikos, um das Dschungel-Camp der Wycliff Bibelübersetzer zu besuchen. Hier konnten wir beobachten, wie Missionare bestimmte Fertigkeiten erlernten, um im tropischen Urwald zu überleben. Sie lernten, alles selber zu bauen – Häuser, Herde, Stühle, Betten – und das alles aus Materialien, die man im Urwald vorfindet. Dieses Erlebnis hat mich sehr nachdenklich gestimmt. Wie segensreich würde es sich auswirken, wenn die Ehepaare bei uns die gleiche Kreativität im Alltag entfalten würden! Man muß nicht unbedingt gleich ein ganzes Haus erbauen. Aber lassen wir uns doch etwas einfallen, um schöne und praktische Dinge auch ohne viel Geld herzustellen.

Nun wollen wir uns noch mit der Frage beschäftigen, wer der „Finanzminister“ in der Ehe sein soll. Ich glaube nicht, daß das immer der Mann sein muß. Soweit ich feststellen konnte, gibt es dafür keinen biblischen Beleg. Ich meine jedoch, daß das Paar eindeutig festlegen sollte, wer den Überblick behält und die Finanzen verwaltet. Das kann der Mann sein, aber auch die Frau. Weil Sie ein Team bilden, sollte der die Aufgabe übernehmen, der dafür besser qualifiziert ist oder mehr Freude daran hat. Wenn Sie Ihre Finanzen planen, wird sich sehr bald herausstellen, wer dafür in Frage kommt.

Das heißt natürlich nicht, daß derjenige, der die Finanzen verwaltet, auch über die Ausgaben allein bestimmt. Diese Entscheidungen müssen als Team getroffen werden. Der Buchhalter oder die Buchhalterin hält sich strikt an die vereinbarten Vorgaben. Von Zeit zu Zeit werden Sie Ihren Finanzplan überdenken müssen. Was soll in Zukunft gespart, gespendet oder ausgegeben werden? Das sind Entscheidungen für das Team.

Die Aufgabe des Verwalters muß keineswegs ein für allemal festgeschrieben werden. Nach einem halben Jahr stellen Sie vielleicht fest, daß der Partner doch geeigneter für die Aufgabe ist. Dann wechseln Sie einfach. Es ist Ihre Ehe, und Sie beide sind dafür verantwortlich, daß Sie Ihre Möglichkeiten optimal ausnutzen.

Stellen Sie aber immer sicher, daß derjenige, der die Finanzen gerade nicht verwaltet, auf dem laufenden gehalten wird. Das tut ein kluger Verwalter, denn als Realist ist er sich bewußt, daß er eines Tages ausfallen könnte.

Wenn Sie sich stets daran erinnern, daß Sie ein Team sind, und wenn Sie sich an die Leitlinien halten, die die Bibel uns gibt, dann wird das Geld Ihnen treue Dienste leisten. Doch sofern Sie diese biblischen Prinzipien mißachten und nach Lust und Laune Ihr Geld ausgeben, schlittern Sie ganz schnell in den finanziellen Bankrott und durchleiden, was viele christliche Paare vor Ihnen durchlitten haben. Sollten Sie im Augenblick in solch einer Krise stecken, dann ist es höchste Zeit zum Umdenken. Wagen Sie noch heute den Neuanfang! Umkehr ist jederzeit möglich. Wenn Sie weder ein noch aus wissen, dann holen Sie sich auf jeden Fall Rat bei einer Bank oder einem gläubigen Freund, der sich auskennt. Lassen Sie es nicht zu, daß die Finanzen Ihre Beziehung zu Gott dauerhaft beschädigen.

Übungen und Fragen, die weiterhelfen

Für Ehepaare:

1. Überprüfen Sie Ihre gegenwärtige Finanzlage. Schreiben Sie einen Monat lang detailliert auf, was Sie ausgeben.

2. Teilen Sie am Ende dieses Monats Ihre Ausgaben in bestimmte Bereiche ein – Essen, Kleidung, Hobby usw. Rechnen Sie aus, was bei jährlichen Zahlungen wie Versicherungen und andere Nebenkosten auf den Monat entfällt, und addieren Sie diesen Betrag zu den vorhandenen Ausgaben. Dadurch bekommen Sie ein realistisches

Bild davon, wie hoch Ihre Ausgaben im Vergleich zu den Einnahmen sind. (Halten Sie immer etwas in Reserve für unerwartete Ausgaben.)

3. Geben Sie mindestens 10 % von Ihrem Einkommen für die Arbeit in Gottes Reich? Ist Ihnen klar, daß Sie das eigentlich sollten?

4. Legen Sie mindestens 10 % Ihres Einkommens als Rücklage fest? Ist Ihnen klar, daß Sie das eigentlich sollten?

5. Rechnen Sie genau aus, was Ihnen bleibt, wenn Sie 10 % für die Gemeinde geben und 10 % anlegen. Verteilen Sie den Rest von 80 % auf die Ausgaben, die Sie festgelegt haben. (Wenn Sie hoch verschuldet sind, bedeutet das vielleicht, daß Sie versuchen, Stundungen zu erreichen oder mit der Bank zu sprechen, um durch eine Umschuldung zu kleineren Raten zu kommen.)

6. Diskutieren Sie solch ein Thema mit Ihrem Partner, und versuchen Sie, sich auf einen Plan zur Entschuldung zu einigen. Wenn Sie das nicht allein schaffen, gehen Sie zur Bank und lassen Sie sich dort beraten.

7. Einigen Sie sich mit Ihrem Partner darüber, wie Sie mit Ihren Kreditkarten umgehen wollen.

8. Sind Sie beide bereit, keine größeren Ausgaben mehr ohne Zustimmung des anderen zu tätigen? Legen Sie mit einem konkreten Betrag fest, was „größere Ausgaben“ sind.

9. Haben Sie das Gefühl, Herr Ihrer Finanzen zu sein? Wenn nicht, was könnten Sie tun, um das zu erreichen? Sprechen Sie mit Ihrem Partner darüber, und ergreifen Sie sofort die Initiative!

Für Verlobte und solche, die es werden wollen:

1. Haben Sie im Augenblick einen Haushaltsplan? Nehmen Sie sich fest vor, einen solchen aufzustellen, und bitten Sie Ihren künftigen Partner, dasselbe zu tun. (Wie gehen Sie im Augenblick mit Ihrem Geld um? Seien Sie so konkret wie möglich bei Ihren Angaben.)

2. Geben Sie mindestens 10 % von Ihrem Einkommen für die Arbeit in Gottes Reich? Ist Ihnen klar, daß Sie das eigentlich sollten?

3. Legen Sie mindestens 10 % Ihres Einkommens als Rücklage fest? Ist Ihnen klar, daß Sie das eigentlich sollten?

4. Sprechen Sie über die Punkte 2 und 3 mit Ihrem zukünftigen Partner, und einigen Sie sich darüber, was Sie diesbezüglich in Ihrer Ehe tun wollen.

5. Ergreifen Sie sofort alle Maßnahmen, die Sie sich für die Ehe vorgenommen haben. Wenn Sie z. B. vorhaben, monatlich 10 % Ihres Einkommens aufs Sparbuch zu bringen, dann fangen Sie gleich damit an, auch wenn Sie noch nicht verheiratet sind. (Was Sie schon jetzt in Angriff nehmen, wird zeigen, wie treu Sie sich auch später in der Ehe an Ihre Vorsätze halten.)

6. Legen Sie Ihrem zukünftigen Partner Ihre Finanzen offen – Schulden und Vermögen. Schätzen Sie realistisch ein, wie Sie damit später zurechtkommen werden.

7. Stellen Sie einen konkreten Tilgungsplan für die Gesamtsumme aller Ihrer gemeinsamen Schulden auf.

8. Machen Sie schon einmal einen Haushaltsplan für Ihre zukünftige Ehe. Das können Sie allerdings erst machen, wenn Sie konkrete Zahlen für die festen Kosten haben. (Rechnen Sie immer mit unbekannten Größen. Planen Sie also Reserven mit ein.)

9. Versuchen Sie, sich darüber zu einigen, daß Sie niemals größere Ausgaben tätigen werden, ohne den Partner zu konsultieren. Keine Einigung – kein Kauf! (Legen Sie mit einem konkreten Betrag fest, was „größere Ausgaben“ sind.)

10. Wer von Ihnen beiden wird die Finanzen verwalten? Warum?

Anmerkungen

Kapitel 3

[1] James Jauncey, Magic in Marriage (Grand Rapids, 1966), S. 110.

Kapitel 6

[1] H. Norman Wright, Communication (Glendale, Calif., 1974), S. 139.

[2] Ebd., S. 145.

[3] John Drakeford, The Awesome Power of the Listening Ear (Wace, Tex., 1967).

[4] Zitiert in: Spiros Zodhiates, Pursuit of Happiness (Grand Rapids, 1966), S. 270 (Angegebene Quelle: The Christian World Pulpit 83 (1913): 158.

[5] James Dobson, Hide or Seek (Old Tappan, N.J., 1974), S. 132.

[6] Ebd., S. 134.

[7] Ebd., S. 9-46.

[8] Ebd., S. 135.

Kapitel 7

[1] Ebony, Sept. 1974, „The ‚Conspiracy' to Make Blacks Inferior" von Frances Cress Welsing, S. 84-94.

Kapitel 11

[1] Aus einem Vortrag von Jeanette Clift George vor dem Christian Women's Club in Ashville, North Carolina, 15. April 1976.

[2] George M. Bowman, How to Succeed with Your Money (Chicago, 1974), S. 157-158.

[3] Ebd., S. 104.